JN025702

FIRE

FINANCIAL INDEPENDENCE, RETIRE EARLY

最強の早期リタイア術

最速でお金から自由になれる究極メソッド

Quit Like a MILLIONAIRE

No Gimmicks, Luck, or Trust Fund Required

Kristy Shen and Bryce Leung

クリスティー・シェン
&
ブライス・リャン
岩本正明 訳

ダイヤモンド社

Quit Like a MILLIONAIRE
by
KRISTY SHEN AND BRYCE LEUNG

Japanese translation rights arranged
with the authors c/o Harvey Klinger,Inc., New York
through Tuttle-Mori Agency, Inc.,Tokyo

JL・コリンズによる序文

読者の一部は本書を嫌いになるだろう。

経済的自立（FI）に到達できるのは一部の特権階級だけであり、自分のような不遇な人間には絶対に手の届かないものだと吐き捨てる誇り高きネイセイヤー［何事も否定する人］連合の一員であれば、間違いなく嫌いになるはずだ。

そんな風にあきらめる前に、あなたの人生が、次の項目に1つでも当てはまるのかどうか見てほしい。

・あなたは全体主義の体制下で育ったか？
・あなたの家族は1日44セントで生活したことがあるか？
・初めてのコカ・コーラがそれまでで最も感動した経験だったか？
・飲み終わったコーラの空き缶があなたにとって最も大切な持ち物になったか？

それでは、私自身の不運な境遇についてお話ししよう。

私は5歳のとき、道端で拾った汚い炭酸飲料の容器を集めて2セントを稼ぎ、近所の家をまわってハエたたきを5セントで売っていた。

続いて、中国の農村で育ったクリスティーの話だ。

彼女は5歳のとき、おもちゃの材料になる宝物を探して医療廃棄物の山を漁っていた。果たして、その中から5セントの価値のあるものを見つけられただろうか？

私の家族は、日に日に悪くなっていく父の健康状態とビジネスについて頭を悩ませていた。彼女の家族は中国共産党員が玄関のドアをぶち破り、父親を労働改造所に連れて行くのではないかと戦々恐々としていた。

大変な子ども時代ではあったが、私の幼少期の物語は彼女と比べるとその足下にも及ばない。おそらくあなたの物語も同じではないだろうか。

そしてここが大切なポイントだ。そんな境遇に生まれながらも、彼女は決してあきらめなかった。どんなにつらい困難に直面しても、彼女は決してあきらめなかった。途中でどんな障害に阻まれようとも、彼女は決してあきらめなかった。

それらを自分の武器に、モチベーションに、道しるべに変えていったのだ。

医療廃棄物のガラクタからおもちゃをつくり、コーラの空き缶を宝物のように扱っていた少女がいまでは世界中を旅行し、高級レストランで食事をし、本を書き、称賛されているブログを立ち上げた。

物語の中で、彼女は中国での貧困層からカナダの学校でいじめられる異端者、大学生、エンジニア、投資家、ミリオネア、そして自由を謳歌する女性へとはい上がっていく。

本書を読んで度肝を抜かれる人もいるだろう。

クリスティーは次のようなことを教えてくれる。


お金は世界で最も大切なものだ。

お金は犠牲を払う価値のあるものだ。

お金は血を流してでも得る価値のあるものだ。


ちょっと待ってほしい！　あまりに異端すぎないか？　お金は、あらゆる諸悪の根源ではないのか？

現代社会ではそうではない。お金は我々にとって唯一最も強力な武器なのだ。うまく利用すれば、あらゆることがより良く、より簡単で、より面白くなる。何もないところからすばらしい選択肢を生み出してくれる魔法の杖なのだ。

愛はどうした？　家族はどうした？　教育はどうした？　文化はどうした？　……はどうした？　世界で最も大切なのはそうしたことではないのか？

それらがどうした？

あなたは自分の家族や愛する人を大切にしたいと思っているのではないか？　それならお金があった方がいいはずだ。

もっと家族や愛する人と長い時間を過ごしたい？　それならお金があった方がいいはずだ。

教育、読書、文化のための時間や余暇がほしい？　それならお金があった方がいいはずだ。

すべて最良のものを手に入れて、最大限楽しむ時間がほしい？　それならお金があるだけではなく、あなたのために働いてくれるお金があった方がいいはずだ。

普段は度肝を抜かれない人でも、クリスティーの言葉には必ず圧倒される。

本書は、読者の一部をミリオネアにしてくれるだろう。

ただあくまで一部だけだ。全員ではない。

言いわけをやめて、実践する心構えが必要だ。多くの人にはその心構えがない。

自分の資産運用を（そして自分の生活すべてを）自分の手で行う心構えが必要だ。多くの人にはその心構えがない。

もし、あなたがそうした心構えができている数少ない人のひとりであれば、クリスティーがあなたの道しるべになってくれるだろう。

まるで小説のように面白い彼女の物語を通して、彼女はいかに富を築くか、いかにその富を守るのか、そしていかにその富をあなたの生活費を賄いつつ自己増殖してくれる強力な機械に育てるのかを教えてくれる。

狡猾（こうかつ）な運用手数料を最小限に抑える方法など、実践的な内容も学べるだろう。

彼女は何に投資し、なぜ投資したのかを詳細に説明し、あなたがどうすれば同じことができるのかも教えてくれる。

あなたはそのすべてに同意するわけではないだろう。ただ、私が最も不快に思うのは自分の考え方に沿わないからといって本の内容を批判する人々だ。

偉大な本とは、あなたの偏った見方を裏づけるものではなく、あなたの視野を広げてくれるものであるはずだ。本の中のアイデアというのは、その背後のロジックやいかにそのアイデアがわかりやすく提示されているのかを基準に評価されるべきだ。自分自身の考え方と照らし合わせて評価すべきものではない。

本書は、まさにロジックと明瞭さのお手本だ。

本書は、道のりが恐ろしいことを知っている。

クリスティーもそれをわかっている。彼女は自分が経験した不服、恐怖、疑い、そして失敗を読者と共有している。その上で、それらを回避するための実践的でわかりやすいアイデアや戦略を1つひとつ教えてくれる。

彼女は私たちの手を取って、こんな風に説明してくれる。

お金はそれほど壮大で複雑なものではなく、理解するのに天才レベルのIQなど必要ありません。シンプルな教訓ばかりです。それぞれを理解するのは難しくありませんが、合わさることで大きな力を発揮します。

彼女が紹介するのは、経済的な自由への到達をより容易かつリスクの少ないものにする強力なコンセプト、例えば、地理的アービトラージ、サイドFIRE、パーシャルFIといったものだ。

経済的自立に到達するには6桁（10万ドル以上）の年収が必要で、子どもがいたら実践できず、仕事を楽しんでいるならそんなことは不必要で挑戦する価値もない。彼女はこういった通説を1つひとつ検証し、見事に論破してくれる。間違いなく言えるのは、支えとなるお金があった方があらゆることはうまくいく。仕事だってそうだ。

彼女はミリオネアに成り上がるまでの金額についての詳細を補足Bに載せている。疑いの目を持っている人はぜひ参照してほしい。

本書はあなたに豊かになってほしいという思いで書かれている。お金、時間、そして人生において。

もちろん、あなたはおそらく泣き言を言わないし、不満を垂れるネイセイヤーでもないはずだ。あなたは、本書を手に取った。できない言いわけを考えている暇などない。あなたはすぐ

本文中、かっこで番号があるものは、原注があります。
付録と併せて、https://www.diamond.co.jp/go/pb/fire.pdf より
ダウンロードいただけますのでご活用ください。

に始めたいはずだ。どうやるかを知りたいはずだ。

本書を手にすることで、あなたは正しいスタート地点にいる。クリスティーがあなたを手取り足取り懇切丁寧に導いてくれるはずだ。それらは年齢、住む場所、経歴、受けた教育に関係なく実践できるものばかりだ。

最後に、私が本書の中で一番気に入っている文章を紹介する。

もしお金を理解すれば、人生は信じられないほど気楽なものになります。大多数の人のようにお金を理解していなければ、人生は信じられないほどつらいものになります。

ぜひあなたには、気楽な人生を選んでほしい。

JL・コリンズ

FIRE 最強の早期リタイア術 目次

第5章 誰も助けにきてはくれない

第6章 ドーパミンについてわかったこと

第7章 マイホームは投資ではない

第8章 本物の銀行強盗

第9章 株式市場の暴落をいかに乗り切るか

第10章 私を救ってくれた魔法の数字

第11章 現金クッションと利回りシールド

第12章 お金を浮かすために旅行をする

第18章 我が道を行け

本文中、かっこで番号があるものは、原注があります。
付録と併せて、https://www.diamond.co.jp/go/pb/fire.pdf より
ダウンロードいただけますのでご活用ください。

序章

子どものころ、私は親からこう言われて育てられました。「あなたは貧しく生まれ、英語を話せず、肌の色も違うから、ほかの子と同じような機会は与えられていません」。私はお金持ちになりたかったし、世界を旅行したかったし、本を書いて生計を立てたいと思っていました。私のことを嫌う人は、そんな夢なんか絶対に叶わないと言いました。

彼らは間違っていました。

私は、弱冠31歳でミリオネアになり、仕事を辞めました。いまでは世界中を旅行してまわり、プロとして文章を書いています。

私のこれまでの旅を読み始める前に、これだけは理解しておいてください。この本は能天気な自己啓発の本ではありません。「自分のことをお金持ちだと思え」とか、「ポジティブに考えよう」とか、「宇宙のエネルギーと調和せよ」とか、そういったことがカギではありません。私はそういった類の本を読み、彼らのアドバイスに従ってみましたが、どれもうまくいきませんでした。

私は聞き心地のいいことを言うつもりはありません。ただ、真実を伝えるだけです。

お金持ちになるのは一朝一夕にできることでも、簡単なことでもありません。それを否定するのは恵まれている人か、あなたからお金をだまし取ろうとしている人だけです。私はあなたをだますつもりはありません。あなたからお金をだまし取らなくても生きていけます。すでにミリオネアですから。

本書は、もしかしたら存在しなかったかもしれません。私は10ドルでアップルの株を買ったわけではなく、次の時代のスナップチャットに投資したわけではなく、30歳になるまでに何か特別なことをしたわけでもないので、自分の人生に面白い要素などないと思っていました。私の大学の成績表をお見せすれば、私がそんなに賢くもないことがわかるでしょう。こんな私に関心のある人などいるはずもありません。

そんな私を説得してくれたのは、ペンギン・ランダム・ハウスの編集者、ニーナ・シールドでした。彼女が私の物語は本にする価値があると言ってくれたのです。私は特に恵まれてもなく、幸運でもありませんでした。それなのにお金持ちになれたからこそ、価値があると教えてくれたのです。つまり、私の通ってきた道は誰でも通れるということです。

また、私の旅はすべての社会経済的な階層を含んでいるという特徴があります。私は非常に貧しい家に生まれました。1日44セントで家族全員が暮らしていた時期もあります。あなたがどんな階層の人でも、私の経験と照らし合わせることができると願っています。

貧困から抜け出そうとしていても、中産階級で401（k）の仕組みについて疑問を抱えていても、投資ポートフォリオの税金を最低限に抑えるやり方を知りたい上位1パーセントの富裕層の人でも、私の物語の一部があなたと重なるはずです。

私が伝える教訓は、あなたにとって斬新なものかもしれませんが、自分には当てはまらないので読み飛ばしたくなる部分もあると思います。どちらでもかまいません。あなたの歩いている道と重なる部分を見つけ出し、私がやったことをまねしてください。きっと私と同じ結果を得られるはずです。

お金持ちになるのは簡単なことではありません。ただ、シンプルで再現可能なことではあります。再現可能だということが、私の物語の価値を高めてくれているといまでは理解しています。私がＦＩＲＥ（Financial Independence Retire Early の略）を発見し、そのやり方を説明したブログ Millennial Revolution を立ち上げたとき、瞬く間に早期退職者コミュニティの間の情報源になりました。

ブログの読者は私のアドバイスを実行に移し、うまくいきました。「家を買うべきですか」、「キャリアを変えるために借金をするべきですか」といった質問に対する答えは、その行為にかかる費用をほかの誰かのために働く時間に換算すればすぐに明らかになりました。

結局、大切なのはお金ではなくて時間なのです。できる限り充実した人生を送るために、いかに時間を賢く使うかなのです。

底辺の1パーセントから上位1パーセントに上りつめる間に私が学んだ教訓は、人種に関係なく、当座預金口座の残高に関係なく、親から受け継いだ特権があろうがなかろうが、誰にでも活かせるからこそ本書は存在します。

どんな人間であろうが、誰もがミリオネアのように仕事を辞める方法を知るべきなのです。

それでは、始めましょう。

クリスティー・シェン

第1章 お金のためなら血も流す

私の幼少期の一番楽しかった思い出の1つは、中国の農村部で医療廃棄物の山を何人かの友人と漁っていた記憶です。ゴム手袋、汚れた医療服、使用済みの注射器の山をかき分けながら、5歳の私の脳裏では小さな声がささやいていました。「こんなはしたないことは、やめた方がいいんじゃない?」。ところがもっと大きな声、もっと希望に満ちた声がそんなささやきをかき消すのです。「きょうはどんなお宝が見つかるんだろう?」

誤解してほしくないのですが、私は、医療廃棄物の山の中で生活していたわけではなく、ホームレスでもありません。ただ、その遊びを楽しんでいました。本物のお店とは違い、ほしいものを見つけたら実際に手に入れることができたからです。本物のお店だとこうなります。

「ママ、うちが貧乏でお金がないのはわかってる。けどいつか大きくなって、自分でお金を稼げるようになったら、その人形を買ってもいいよね？」

私はガラスケースに顔をベッタリとくっつけながら言いました。

それでもなお、母親の返事はノーだったのです。

私と友人がその日、病院の裏で遊んでいたのはそんな理由からです。人形を買えないのなら、自分でつくればいいと考えたのです。

信じられないかもしれませんが、次々とあふれ出てくる廃棄されたゴムバンドの中から、私は使えそうなものを見つけました。ゴムバンドを結び合わせ、鎖の形にして、縄跳びをつくったのです。切れてもゴムバンドを交換すればすぐに修復できるのが一番の利点でした。

いまの時代だと児童相談所が介入するような事態ですが、当時の私たちの生活はまさにそんな感じでした。非常に貧しかったのです。極貧生活の中では、バービー人形とマイリトルポニーからの選択ではありません。食料、燃料、薬からの選択で、その優先順位でした。おもちゃなど入り込む余地がなかったのです。

米国勢調査局によると、1987年当時、米国人のひとり当たりの平均年収は1万8426・51ドルでした。[1] 一方、中国では1459元、つまり327ドルしかなかったのです。[2] わかりやすく例えると、任天堂のゲーム機を当時の小売価格179ドルで買おうとすると、平均的な米国人労働者なら1週間に満たない労働で買えましたが、平均的な中国人労働者の場合は半年以上の労働が必要でした。

また、327ドルというのはあくまで個人の平均年収であり、大都市の都心部の人たちも含めた数字です。私たち家族は太平に住んでいました。人口たった3000人の農村です。年収は平均をずいぶん下まわっていた（およそ3分の1）のです。[3] 私の家族の世帯年収は600元、つまり161ドルでした。1日に換算するとわずか44セントです。父、母、そして私の3人は、米国人の平均日収の1パーセント以下の収入で生活しなければならなかったのです。

私は自分の子ども時代の文句を言いたいわけでも、かわいそうだと同情してほしいわけでもありません。実際、私は自分が育てられた環境に感謝しています。**いわゆる欠乏マインドが自然と育まれたからです。そのおかげで、いまの私があると言っても過言ではないのです。**

「欠乏マインド」とは何か？

欠乏マインドを理解してもらうために、時代をさかのぼってみましょう。

ときは1945年。その年の1月27日、ソ連軍がアウシュビッツに侵攻し、ナチス最大の死の収容所から7000人の老若男女を解放しました。現場の状況を見た兵士は思わず自分たちの食料袋を開けて、「これを食べてくれ、全部食べてくれ！」と囚人たちに声をかけました。

ところが、彼らの行動は裏目に出ました。囚人たちは食べ物をお腹いっぱいに詰め込んでしまい、ひどく体調が悪化したのです。中には死にかけた人もいました。当時は認知されていなかったのですが、飢えている人に大量の食物を与えると、血糖値が急上昇し、電解質が危険な水準まで失われてしまうのです。後にリフィーディング症候群として知られる症状です。

終戦が近づいたころ、ミネソタ大学の科学者たちが飢えている人を最も安全に手当てするにはどうしたらいいのかという研究を行いました。[4] 36人の被験者が同意のもとで寮に入れられ、飢えさせられ（死ぬほどの飢えではない）、観察されたのです。

まず、座ることがひどい苦痛になりました。あまりに脂肪がなくなってしまい、お尻が痛むため、お尻と椅子の間には座布団を敷かなければなりませんでした。さらにフグのようにお腹が膨れ上がりました。余剰水分が肌の下で貯留（浮腫と呼ばれる症状です）し始め、体に何かが押しつけられると、半永久的なくぼみができました。あまりに体が弱っているため、シャワーさえ浴びられませんでした。エネルギーが枯渇していたのです。

ただ、最も衝撃的な変化は彼らの脳に起こりました。継続的に食事が十分に与えられない状況に陥ったことで、精神に異常をきたしたのです。彼らは食べ物のことしか考えられなくなりました。芽キャベツが嫌い？　好き嫌いなどもはや関係ありません。どんな食べ物でも被験者の前に置かれると瞬く間に平らげられ、皿まできれいに舐められました。料理本や地元のレストランのメニューを持ってきて、繰り返し読んでいる被験者まで現れました。新聞を熟読し、トマトと卵の値段を記憶して比較したりしたのです。映画の見方まで変わりました。物語の筋や登場人物は覚えておらず、彼らが何かを食べているシーンだけ鮮明に覚えていました。

研究室で行われた最近の研究では、被験者が昼食を食べた人と食べていない人に分けられました。「TAKE」、「RAKE」、「CAKE」などの単語が13分の1秒間点滅する画面の前に座らされると、昼食を食べていない被験者は、対照群の人たちよりも食べ物に関する単語をより多く正確に認識していたことがわかりました(5)。

何かが不足しているとき、それはあなたの生活において最も重要なものになります。それ以外はすべて二の次です。実験は被験者の体だけではなく、精神をも変えてしまいました。

これこそが、欠乏マインドです。

飢えているとき、彼らの脳は欠乏している食べ物のことを除いて、ほぼすべてのことを無視するようになるのです。

貧困が私の欠乏マインドを育てた

1958年、中国共産党の指導者だった毛沢東国家主席は大躍進として知られる運動を始めました。欧米と肩を並べるために、中国経済を農業から工業へ急速に現代化させようという試みでした。残念ながら、幼児並みの経済知識しか持ち合わせていない人によってつくられた政策でした。村民が必要な知識を持っていないのに、農村には鋼鉄の生産ノルマが割り当てられました。村民は農作業をやめて、原始的な溶鉱炉（土法炉）を建てました。ノルマを達成しようと、なべやフライパンを溶かしたのです。

その結果、すぐに歴史的な大飢饉が起こり、農村地域は荒廃しました。国民が深刻な食料不足に見舞われているにもかかわらず、自分たちの政策がいかにうまくいっているのかを海外に誇示するために、政府は穀物を、欧米、キューバ、アフリカに輸出しました。

人々がハエのように次々と倒れる一方、海外からの援助は拒否されました。土地の私有は禁じられ、自分の穀物を育てる人々は「反革命的」というレッテルを貼られて死刑を宣告されました。もちろん、まだ餓死していなければの話ですが。

草や葉っぱ、昆虫がすっかり食べ尽くされた後、人々は土に手をつけ始めました。その土は慈悲の女神である「観音菩薩」と呼ばれました。思いやりと親切心で崇拝された、白い衣をまとった妖精のような女神様です。このタイプの土は白かったことから、慈悲の女神が自分たちを救うためにご加護を与えてくれたのだと考えました。もちろん土を食べるのは逆効果で、多くの人が腸閉塞で苦しみながら亡くなりました。それでも人々は空腹による苦痛をいくらか和らげるために、食べるのをやめなかったのです。

学校へ歩いて行く途中、私の父は何度もドスンという音を耳にしました。あたりを見ると、同じ学校の生徒が倒れているのです。当時を振り返ってこう言いました。「とにかくお腹一杯になることしか望んでいなかった」

飢饉が一番ひどかった時期に、父は親友であるウェンシャンに命を救ってもらいました。彼は畑で見つけた半分腐ったサツマイモを一口、父に分け与えたのです。政府が収穫物を押収したときに取り忘れていったもので、もし見つかっていれば、彼は死刑に処されていたでしょう。いまでもサツマイモは父の大好物の1つです。

ウェンシャンは父のほかの多くの友人と同じように、餓死しました。飢饉が1962年に終息する数カ月前でした。

それ以降、父は満腹を経験するという望みを叶えることができました。ただ、食べ物はいまでも父の強迫観念になっています。私は一度も食べ物を粗末にさせてもらえませんでした。動物は頭から尻尾まで、すべて食べなければなりません。骨髄まで骨からきれいに吸い取らなくてはならないのです。欧米のスーパーで鶏肉が「もも」、「むね」、「手羽」などとパッケージングされているのを見て、父が不思議に思うのはそのためです。この鶏の頭はどうした？　首は？　足は？　これらの不要部位が捨てられていると考えるだけで父の心は痛むのです。

私は欠乏がいかに人の心を支配するのかを父の話から学びました。私自身は飢饉を経験してはいません。私の生活も父にとってはすでに大きな前進なのです。私は継ぎはぎのない下着や靴下を持っていませんでした。靴下は継ぎはぎの部分の方が大きくなるまで母親に繰り返し継ぎを当てられました。古着屋で買った服や親に髪を切ってもらっていたことが原因でいじめられました。両親にお金がないために、校外学習を仮病で休むことも得意でした。それでも、自分がいかに幸運であるのか忘れたことはありません。

貧困の中で育てられたことで、私の中には欠乏マインドが培われました。私はお金に執着するようになったのです。

1988年、私の父は大学で博士号を取るためにカナダへ移住するチャンスを得ました。母親と私は中国に残されました。私の7歳の誕生日に、父は音楽を奏でるバースデーカードを送ってくれました。1ドルショップで買ったと教えてくれました。私はすぐに頭の中で計算しました。1カナダドルは当時およそ3元です。つまり、このカード1枚が家族の2日分の食費になるのです！[6]　私の持ち物の中では、一番貴重なものでした。もちろん近所に見せてまわり、繰り返し音楽を聴き、汚い手で触ろうとした人の手を誰彼かまわずはたきました。絶え間ない世話の必要なひなどりのように大切に布にくるみ、スカートの下に入れていました。

それから数カ月後、バースデーカードの小さなバッテリーは切れて、名誉の死をとげました。ただ、世界中で最も高価で特別なカードの誇り高き持ち主だったその当時のことを忘れることはありません。2年後、母と私がカナダへ呼び寄せられ父と合流した後、父は人生で初めて娘の私をおもちゃ屋さんに連れて行ってくれました。父は棚からクマのぬいぐるみを手に取りました。その値札を見て、私は息をのみました。5ドルあれば、中国の親族たちが1週間以上も生活できます！　私はその高価なクマのぬいぐるみを元の棚に戻し、父を「セール品：0・5ドル」と大きくオレンジ色で書かれた立て札のある箱のところに連れて行きました。その後、父に残りの4・5ドルを中国の親族に送るよう頼みました。自分が払った犠牲のおかげで彼らが1週間食事ができると思うたびに、誇らしい気持ちになりました。

欠乏マインドにも短所はあります。私が9歳のとき、家族は父の大学の近くにある小さなワンベッドルームのアパートに住んでいました。部屋の中には、両親が道端やゴミ捨て場から拾ってきたちぐはぐで半分壊れている家具が並んでいました。ただ、中国で住んでいた家はただのコンクリートの箱でした。暖房がなく、床が湿っており、トイレは地面に開けた穴でした。その家と比べると、まるで宮殿のようでした。

ある日、学校から帰ってきたとき、私は鍵をなくしたことに気づきました。学校のカバンを逆さにして教科書や体操服、筆箱を漁ってみたものの、その鍵は見つかりませんでした。背筋に冷たいものが走りました。できるだけ時間稼ぎをしましたが、夕食後についに両親に白状しました。

鍵を取り替えるのに、30ドルもかかりました。私はその分の代償を払わなければなりません。つまり、母から殴られるということです。その日を境に、疼痛閾値［痛いと認識される刺激の最低強度］がグンと上がった（私はウルヴァリンです）だけではなく、ある疑念が確信に変わりました。貧しいときには、お金こそが世界で最も大切なものなのです。なぜならお金で生死が左右されるからです。不注意な過ちなど犯せません。もし犯したら飢えて死ぬことすらあるからです。

聞いてください。私は悲惨な子ども時代に同情してほしいわけでも、いまにいたるまでの努力を称賛してほしいわけでもありません。**私はミリオネアになるためには恵まれた境遇で育つ必要はないということを示したかったのです。**

子どものときには、ミリオネアが何かすら理解できませんでした。戸棚がいっぱいか、それとも空っぽか？　私がお金に関してわかっていたのはその程度です。

私の家族はもともと、底辺の1パーセントでした。そうした境遇が、不足しているものを過度に重視するよう私の脳の配線に影響を与えました。欠乏マインドによって、私は何よりも経済的な安全を優先するようになったのです。いまの私、上位1パーセントの私があるのはまさにこの欠乏マインドのおかげです。いまではゴミの山を漁ることはなく、35歳の早期退職者として世界中を旅しています。ハンディキャップを与えたどころか、欠乏マインドは大切な3つの教訓を教えてくれました。結果的に、そのおかげで私はミリオネアになれたのです。

お金こそが、世界で最も大切なものです。

お金は、犠牲を払う価値のあるものです。

お金は、血を流して得る価値のあるものなのです。

第2章 桃のシロップ、段ボール箱、コーラの缶

私が初めて豊かさを実感したのは、父から缶のコーラをもらったときでした。中国ではコカ・コーラは「可口可楽」と呼ばれ、「おいしい楽しさ」という意味です。中国に住んでいたころは、飲み水が寄生虫で汚染されていないだけでもラッキーでした。

何かがおいしくてかつ楽しいという発想に、7歳の私の心は打たれました。どこに行っても、欧米のお金持ち（に私には見えた）の子どもたちがコカ・コーラを飲んでいる広告を見かけました。それを見て、私もどうしてもお金持ちの子どもになりたくなったのです。

カナダに着いた最初の日、父がこの「おいしい楽しさ」の缶を手渡してくれたとき、私の両手は震えまくり、まっすぐ持つだけでやっとでした。最初の一口を口にしたとき、私の頭は爆

発しかけました（もしくはそう思えました。実際、それは私の毛細血管でした。経験に伴う興奮と糖分による興奮で大量の鼻血が出たのです）。ついに、お金持ちの飲み物の味を知ったのです。

多くの人はコーラは安い砂糖水で、虫歯や糖尿病の原因と言うでしょう。しかもほとんど誰でも買える飲み物です。ただ、私はそんなことは知りませんでした。1週間そのコーラを大事に飲み、一滴一滴を味わいました。飲み終わると、父はその缶を捨てようとしましたが、あまりに貴重すぎて私は捨てるのが忍びない思いでした。

それから、その缶は私のコップ、歯ブラシ入れ、ヘアーローラーと次々に化けました。私は「カンカン」と名づけ、毎晩一緒に寝ました。父があの安売りのクマのぬいぐるみを買ってくれるまで、ずっと私の側にいたのです。

そのコーラは私にとっては、それまでで一番ぜいたくなごちそうでした。だからこそ大切に守り、最大限楽しみ抜いて、一滴も無駄にしなかったのです。当時は気づかなかったのですが、それこそが欠乏マインドの最初の教訓だったのです。

ビジネス書は、欠乏マインドを批判したがります。「あなたを後ろ向きにする」と言うのです。持てる可能性のあるものではなく、持っていないものを重視すると、目の前にある機会に気づかなくなるという考え方です。

確かに起業家という文脈では、的を射たアドバイスかもしれません。ただ、これらのビジネス書の著者が理解していないのは、誰しも望んで欠乏マインドに従って行動しているわけではないということです。そうせざるを得ないのです。十分な資源を手にしていない状況では、欠乏マインドのおかげで生き残れるのです。欠乏は必ずしも悪いものではありません。前向きなものになり得るのです。

学生時代を思い返してみましょう。1カ月後が提出期限の大きな論文の宿題を抱えています。あなたはソーシャルメディアで友人と会話したり、ニュースを気にしたり、リアリティ番組を見たりして、その宿題を先延ばしにします。ぐずぐずしてもかまわないのです。資源（この場合は時間）がたっぷりあるため、できるだけ先延ばしにできます。

ただ、もし提出期限が数時間後や数日後であれば、時間をもっと賢く使うはずです。親友からのゴシップの電話、いとこが送ってきたカンガルーの動画を無視するはずです。それがどんなに面白いかわかっていても、無視するはずなのです。あなたは生産性の鬼と化しており、そんな気を散らすものは地獄行きです。提出期限が近づいていることで集中力が研ぎ澄まされ、その論文を終わらせるためにあらゆる脳細胞をフルに稼働させているのです。

これこそが、欠乏マインドが働いている状態です。時間が足りないときは、あなたはできるだけ論文を仕上げようと自分を追い込みます。時間が貴重だからです。

お金にも同じことが言えます。お金がたくさんあるときは、そのありがたさがわかりません。いくらでもあると思うからです。一方、貧しいときは1セントでも大切にします。私は両親が稼いだお金、自分が新聞配達で稼いだお金を1セントまでありがたく思う気持ちを学びました。モノの値段に関しては、ほぼ写真のように正確に記憶できます。お金は家族の生活において、最も大切なものだったのです。欠乏が私の子ども時代の創造力を育んだ制約でした。

確かにいろいろと不快な思いもしましたが、差し引きではプラスだと考えています。真の創造力を発揮するには、制約が必要だからです。もしあなたが小説を書こうとしたことがあるのであれば、私の言っている意味がわかると思います。真っ白なパソコンの画面の前で作業を始めると、ひどく気が滅入ります。どの方向にも行ける状態だと、筆が動かなくなるのです。ただ、いくつかの制約（構成の仕方、物語の起伏のつくり方、シーンの書き方を学ぶ、作文の練習をする）を課すことで、先が見え始めます。

アーネスト・ヘミングウェイは友人たちと、たった6単語で物語が書けるかどうか賭けをしたと言われています。友人たちはヘミングウェイを笑いました。どうやってそれだけの単語で1つの物語の深さを表現できるっていうんだ？　ひとりの登場人物どころか、1本のまつ毛だって描写できないさ。ところがヘミングウェイはやってのけました。ただ物語を書いただけではなく、見事に感情を揺さぶったのです。信じられますか？

「For sale: baby shoes. Never worn.（売ります。赤ん坊の靴。未使用）[1]」

小さなスペースで、どれだけ生き生きとした物語が書けるかがわかったと思います。これこそが制約のなせる業です。

欠乏が私を強くした

私は決してヘミングウェイではありませんが、その小話が彼の才能を明らかにしているように、貧しく育ったことが私の才能を解き放ってくれました。貧困はいまでも役に立っている4つの重要なスキルを与えてくれたのです。それらのスキルをCRAP（うんこ）と呼んでいます。creativity（創造力）、resilience（回復力）、adaptability（適応力）、perseverance（忍耐力）です（これらのスキルを習得するために、実際にあらゆるうんこのような経験を切り抜けなければならなかったので、この頭文字はぴったりの比喩と言えます）。

創造力

私は10歳のとき、バービー・ドリームハウスを持つのが夢でした。テレビのチャンネルは地上波の4つしかなかったため［米国の家庭ではチャンネル数の多い有料のケーブルテレビに加入するのが一般的］、そのコマーシャルを何度も見ました。25年以上経ったいまでも鮮明に覚えています。カメラがズームインして、バービーをピンクの光沢のあるベッドカバーの上に寝かせているふたりの幸せそうな女の子を映し出します。それからカメラはズームアウトし、ふたりがバービーの家の外の街灯の明かりをつけながら、楽しそうに笑う姿を捉えるのです。

喉から手が出るほどほしかったのですが、そんなぜいたくなプレゼントを誕生日やクリスマスにお願いしようとは思いませんでした。両親にそんなお金がないことを知っていたからです。くだらないものには非常にお金がかかります。サンタさんなら買えるかもしれないとすら思いませんでした。

ただ、バービー・ハウスの誘惑は相当なものでした。それである日、私たちのアパートの外のゴミ捨て場に完璧な形をした段ボール箱が置いてあることに気づくと、私はそれを部屋に持ち帰ったのです。

自分の部屋（両親の寝室と仕事場、物置も兼ねていました）に戻って机の引き出しの中を漁り、鉛筆とはさみを取り出しました。その段ボールに窓に見立てた四角形をいくつか描き、玄関と裏口のドアの目印をつけ、かなり几帳面に切り抜きを始めました。

さらに2枚の段ボールを使って屋根をつくり、ドアのために切り抜いた段ボールをのりで貼りつけてマットレスにしたのです。母親の裁縫袋から取り出した布切れを光沢のあるベッドカバーに変身させて、最後の仕上げをしました。

私はやや遠目から見て、自分の傑作を称えました。その継ぎはぎの小さなバービー・ハウスはコマーシャルのものとは全くの別物でしたが、そんなことは気にしません。つくる過程が楽しかったのです。バービーの愛車（別売りです）の駐車スペースや照明がなくても、そんなことはおかまいなしです。

コマーシャルを見たり自分のおもちゃを手づくりすることに飽きると、私は図書館に行きました。建物1棟に本がびっしり収蔵されていて、一度に15冊まで借りることができました。それだけ本を持ち帰っても、誰も警察に通報しないのです！　私には信じられませんでした。

当初は中国語でしか本を読めなかったため、私は外国語の本のセクションに入り浸りました。ある日、通路を歩きながら本の背に指を走らせていると、ある本が私の目にとまりました。『小公女』が中国語に訳されたものです。カウンターに持って行っても、なかなかその本を手放せませんでした。本をスキャンしなければならない司書の方が、ちょっとだけ手放すよう私をなだめすかす必要があったほどです。

私は3日間、その本を貪るように読みました。セイラという名の女の子が主人公で、自分のメイドや馬車、ポニーがいるほどのお金持ちでした。彼女は親切で寛大でもありました。彼女の父親は戦地に赴くために、セイラを高額な寄宿学校に通わせました。それは全財産をダイヤモンドの鉱山に投資した後でした。それから父親は戦死し、さらに全財産まで失ってしまいました。校長は未納となった授業料の代わりにセイラの持ち物を奪い、彼女は学校の使用人として働かなければならなくなりました。この転落の物語は、まさに私の人生とは逆でした。だからこそ、非常に興味をそそられたのです。

私は読書を続けました。ベビー・シッターズ・クラブ・シリーズ、R・L・スタインのグースバンプス、クリストファー・パイクのスプークス・ヴィルなど、英語の本も読み始めました。最終的には自分で物語が書けるほど、英語を習得したのです。

子ども時代に書くことが好きになったのは、そうした経緯からです。その後、作家になるという夢に変わりました。25年後、その夢が形となったものが、あなたがいま手に取っているこの本です。すべてはケーブルテレビに加入するお金がなかったおかげなのです。

回復力

私は13歳のとき、スズメバチに刺されて右目がふさがるほど大きく腫れました。まるでサイクロプスのような顔になりました。自意識の高い10代の女の子の学校での立場はもちろん、悪くなります。ただ、15ドルもする抗炎症薬を買うお金がなかったため、中古の眼帯をつけて、ラッパーのふりをして学校に行きました。不思議なことに、同級生のウケは良くありませんでした。彼らには日ごろからいじめられていました。ただ、両親がお金で問題を解決できないときこそ、あなたは耐え抜くことを学ぶのです。

「かっこいいのつけてるな」。同級生が私の後ろでたっぷりの皮肉を込めて言います。

「わかってるわよ。私はセンスがいいの」。色あせたオーバーオールからパンくずを払うような手振りをしながら、私は笑って返します。

「親が貧乏だからな」

「違うわよ、両親はビリオネアよ。ただ、ホーボー［貧しい労働者］スタイルが好きなだけよ」

その後、私がコンピュータ・エンジニアとして給与をもらうようになり、貧困層から中産階級に昇格したときにも、むやみに他人と張り合ったりしなかったのはこのおかげでした。私の面の皮には幼いころからテフロン加工が施されています。会社の同僚たちが車や服、家に散財し、その生活水準を維持するために不健康なほど長時間労働をしていた一方で、私は他人がどう思っているのかなど歯牙にもかけなかったのです。

適応力

子どものころ、両親は家賃がより安い部屋を求めて引っ越しを繰り返しました。節約してお金を中国の親族に送りたかったからです。私は別の学区に引っ越すたびに、それまでの友人を失い、一からつくり直さなければなりませんでした。

初めて引っ越さなければならなかったときは、大泣きしました。父は私を側に引き寄せると、両手で私の顔をはさみ、私の目をまっすぐに見ました。「友だちと別れて悲しいのはわかる。でももっと家賃の安い場所が見つかって、それで節約できるんだ。お前のいとこはそのお金で学校に行っているし、お前よりもずっと貧しい。あいつらをがっかりさせたくはないだろ?」。私は黙るしかありませんでした。

だからこそ、嫌な思いをしたりつまずいたりしても、私は決して動揺しません。大学ではインターンシップで稼いだお金で、授業料や食費、家賃などすべての費用をやりくりしました。

月３００ドルの地下の部屋に住んでいましたが、そんなことは大した問題ではありませんでした。確かにホコリまみれでブユもたくさんいて、夏は冷房がなくて死ぬほど暑かったですが、図書館でずっと本を読んでいればよかっただけの話です（防犯設備は強力でした。窓を閉めておくために使った木の枝です！）。決して優雅な生活ではありませんでしたが、子ども時代に培った適応力のおかげで、支出が抑えられ、大学は借金なしで卒業できたのです。

忍耐力

学位を取るのは私の人生の中で最も難度の高い試練の１つでした。私はカナダで最も厳しい学部プログラムの１つ、ウォータールー大学（カナダのＭＩＴとして知られています）でコンピュータ・エンジニアリングを専攻したのです。

１年生の最初の週に、自分がどんな場所に足を踏み入れてしまったのかに気づきました。ほかのプログラムの学生たちは友人をつくり、酒に酔い、パーティーを楽しんでいましたが、私たちには2つの厳しい試験が待ち構えていました。試験に合格できない学生は、通常の授業に加えて補習を受けなければならなかったのです。幸運なことに、私はあらかじめ試験のことを聞いており、夏休みを返上して勉強したことで何とか合格できました。

ただ、苦労のすべてが報われました。卒業した時点で借金がなかっただけではなく、最強のレジュメに加えて2年間のインターンシップも経験していました。私の成績はせいぜい平凡なものです。私の実習仲間たちは常にオールAでしたが、私は簡単なコンセプトを理解するのにも10時間かかり、結局Cしか取れません。

それでもあきらめたりはしませんでした。一番になる必要はないことがわかっていたからです。試験に合格して学位さえ取れれば、この過酷なプログラムは報われるのです。自分の覚えの悪い脳で超難解な科目を理解するには、猟奇的なまでに一生懸命勉強しなければならないのであれば、それをやるまでです。睡眠不足の体を引きずって塹壕地帯を切り抜けなければならないのであれば、それをやるまでです。死ぬほど体調が悪く、2週間ほど寝ていなかったため、試験中に寝落ちしないよう咳止めシロップを1本飲み干したこともありました（試験には何とか合格しましたが、ほとんど何も覚えていません）。

目に見えない無駄

こうしたエピソードを思い出すと悲しい気持ちになるとお思いかもしれませんが、私はむしろ懐かしい気持ちで振り返っています。生きるか死ぬかも経験しましたが、すごく幸せな思い出もあるのです！　また、当時の経験を通して欧米の文化を部外者の視点で見ることができ、それも非常に役に立ちました。

私は多くの人からメールで自分たちの経済状況を分析してほしいと頼まれます。彼らのお金の使い方を見てみると、ミリオネアである私がいま年間で使っている金額の何倍ものお金を使っています。私が礼儀正しく（そんなに礼儀正しくないこともありますが）そのことを指摘してあげると、「切り詰められる支出なんて何も思いつきません！」といった反応を返してきます。

どうしてこんなことが起こるのか、その生化学的な理由は第６章で詳しく説明しますが、貧しく育ったことで私が得た最も貴重な能力の１つが、目に見えない無駄を見分ける能力です。

１つ例を挙げましょう。私は子どものころ、どうしても糖尿病になりたかったのです。それは、裕福な人、少なくともたっぷりキャンディーを買えるお金を持っている人がなれる病気だからです。カナダに移住してからというもの、私はたっぷり砂糖を食べたり飲んだりして子ども時代を過ごしました。特に桃の缶詰が大好物でした。ただ、桃自体を食べられることはなく、私が口にしていたのはシロップだけです。

私の母はビュッフェ形式の中華料理店で皿洗いの仕事をしていました。ウェイトレスは半分に切った桃をデザートコーナーの容器にいっぱいにするたびに、シロップを捨てていたのです。私の母はタイミングをはかって、排水口に流される前にそのシロップを奪い取りました。私は中毒になり、１日中そのシロップを飲んでいました。幸せを運んでくれるシロップでした。タダで砂糖が手に入っただけではなく、牛乳やジュースを買うお金を節約できたからです。桃のシロップや水など、そのレストランが１日の終わりに廃棄するものだけで私は生活できました。まさに天国でした。

私は最近、このことを友人に話しました。彼女は完全にあきれていました。ただ、これは私の住んでいた世界、彼女には理解できない世界です。私はバランスの良い食事や1日の栄養摂取量などといったことは知りませんでした。私の食べ物はあなたの食べ物が入れられているものでした。あなたがフルーツを食べ、私がシロップを飲んだのです。

まだ話のテーマがわからない人のために言うと、他人のゴミが私には宝物同然だったということです。そうしたものを胃の中で消化しながら、私はどれだけの無駄が目に見えないのかに気づきました。英紙ガーディアンによると、形が悪い、変色しているといった理由だけで、米国で6000万トンもの食料が毎年、廃棄されています[2]。生産されている食物の3分の1の量です！

それは単なる氷山の一角にすぎません。米国人は毎年、1100万トンの衣類を廃棄しています[3]。1100万トンです。これは食べ物よりタチが悪いです。食べ物と違って、衣類は生物分解に数百年を要するからです。つまり、ビニール袋や昨年使った携帯電話などと同じようにゴミ処理場にずっと残存し、徐々に環境を蝕んでいくのです。

欧米社会は常により多くを追い求めます。ただ、「より多く」が果たして私たちの幸福のカギでしょうか？　研究によると、お金がもたらす幸福度は年収7万5000ドルでピークアウトすると言います[4]。それ以上の年収を稼いでも、「より多く」は幸福という観点では効果がないようです。また統計によると、年収3万4000ドルでも世界で見ると上位1パーセントの富裕層に入ります(5)。

もし桃のシロップが、それ以外を知らない子どもを感動させられるのであれば、私たちもそんなにぜいたくはいらないのかもしれません。あなたが買っているものの一部、もしくはそのほとんどが、あなたを幸せにはしていません。支出の一部は浪費なのです。単純明快です。

目に見えない無駄を「見える化」する

あなたの生活にどれだけ目に見えない無駄があるのか、ちょっとした実験で実際に見てみることにしましょう。

必要なもの：クローゼット、マスキングテープ

クローゼットを開けて、服を全部左側に寄せてみましょう。

未使用のハンガーを手に取り、マスキングテープを貼って、47ページの写真のように服の右側にそのハンガーをかけましょう。

服を着てから洗い終わるたびに、その服をクローゼットの一番右側にかけましょう。

時間が経つと、あなたが着る服に偏りがあることに気づくはずです。クローゼットの一番右

側の服が、あなたがしょっちゅう着ている服です。やや中央寄りで、ハンガーの右側に位置するものが着てはいるものの、最近は着ていない服です。ハンガーの左側の服は、一度も手にしていない服です。この実験を長く続けるほど、あなたのクローゼット分布はより鮮明になります。何着の服が「現役」、つまりローテーションで頻繁に着ているのかがわかるのです。同様に、「活動停止」で決して日の目を見ることのない服の割合もわかります。

ご心配なく。着ていない服を捨てる必要はありません。ただ、目に見えない無駄がいかにあなたの生活に簡単に入り込んでいるのか、考えるきっかけになってくれるとうれしいです。ここでの情報を使って、第6章では、なぜ私たちが必要以上にものを買ってしまうのかを検証するつもりです。

私たちの文化では、欠乏マインドは単なる欠如、子どもの発育にとって障害だと見なされています。ただ、欠乏マインドを持って子ども時代を過ごしたことは、私にとってはある意味役に立ちました。コーラの缶に恋い焦がれる中国の子どもだったときには予想もしていなかったことです。欠乏とは強力な制約なのです。欠乏マインドのおかげで私はCRAPのような経験を乗り越えることができ、創造力、回復力、適応力、忍耐力のある人間に育ち、いまの私の生活を築き上げることができました。

また、すぐには目に見えない無駄を見分けることができるようになったのも、欠乏のおかげです。あなたも自分の生活から、目に見えない無駄を特定できるようになりましょう。

未使用のハンガーにマスキングテープを貼って、
服の右側にかける

服を洗い終えるたびに、
マスキングテープを貼ったハンガーの右側にかける

第3章 (まだ)自らの情熱に従うな

私が子どものころ、母は何度も職を失いました。

2カ月に一度の頻度で解雇通知を受け取りながら、母は多くの仕事(皿洗い、裁縫、メイド)を渡り歩きました。人種差別や自分の英会話力不足を責めていました。私が高校生のころ、母はコミュニティ・カレッジに通い、電子機器の組み立ての資格を取得しました。そのおかげで給与は上がり、数カ月以上同じ仕事を続けることができました。ところがITバブルが弾け、母は再び職を失ったのです。

あまりに仕事が不安定だったことから母は強い不安を抱え、偏執病とうつ病を患いました。めったに眠れず、自分を殺そうと画策している目に見えない敵を絶えず非難するようになりました。近くの警察に何度も電話をかけたため、私たちの電話番号はブラックリストに載りました。そのことで母の精神状態はさらに悪化し、父や私に当たり散らすようになったのです。

大学の専攻を選ぶ時期がきたとき、私は細心の注意を払わなければいけないことがわかっていました。そのころには家族の経済状況はいくらか安定していましたが、まだ中国に送金しており、40年前の父と同じようにチャンスは一度しかないことがわかっていました。卒業しても仕事がないというリスクは拭えず、できるだけすぐに自活できる学位を選ぶ必要がありました。母のようにはなりたくなかったのです。

なぜ、私は自らの情熱に従わなかったのか?

ちょうど2000年でした。バックストリート・ボーイズが音楽チャートの1位に輝き、2000年問題で世界が崩壊することもなく、ほとんどの人にとって学位は仕事を得るという目的を達成するための単なる手段でしかありませんでした。実際、「自らの情熱に従おう」といった言葉はまだ、(ずっと聞かされているような気はしますが)比較的目新しい言葉だったのです。

80000Hours.orgのCEOで創設者でもあるベンジャミン・トッドによると、その言葉はスティーブ・ジョブズがスタンフォード大学の卒業式でスピーチを行った2005年ごろに急激に広まったようです。そのスピーチの中で、彼は「自分の心に従わない理由はない」と語りました。[1] いまでは私たちはその言葉を繰り返し聞かされ、炎に引き寄せられる蛾のように若い卒業生たちを引き寄せています。セクシーで力をもらえる言葉です。ただ危険でもあります。

大学の専攻を選ぶ際、私は自分の選択肢を数字で評価してみました。すべての大学のホームページをじっくり読み、それぞれの学位の取得にいくらかかるのかを調べ、卒業後に期待できる収入と比較してみたのです。私が最も興味を持っていたのは次の3つでした

1. ライティング
2. 会計
3. コンピュータ・エンジニアリング

ライティングが第一候補です。ただ、創作科の学位は果たして良い投資と言えるのでしょうか? カナダの4年制プログラムにはおよそ4万ドルかかります（米国の大学に行けばもっと高額になります）。ライターや作家の収入は500ドルから5万ドル、数百万ドル（もしあなたがスティーヴン・キングであれば）まで多岐にわたることがわかりました。平均では1万7000ドルです。[2] 次に私は最低時給を調べました。高校を卒業すればすぐに稼げる時給です。当時の最低時給6・85ドルで計算すると、年収は1万4248ドルです。その数字をライターの期待年収から差し引くと、学位の価値はたった年間2752ドルです。続いて（当時の州内出身の学生に

大学にかかるコストと学位の価値

専攻	総費用	給与の中央値と最低賃金の差額
ライティング	3,380ドル[3]×4=13,520ドル	17,000ドル−14,248ドル=2,752ドル
会計	3,264ドル[3]×4=13,056ドル	38,200ドル[4]−14,248ドル=23,952ドル
コンピュータ・エンジニアリング	3,622ドル[3]×4=14,488ドル	55,000ドル[4]−14,248ドル=40,752ドル

それぞれの学位のPOTスコア

専攻	総費用	給与の中央値と最低賃金の差額	POTスコア
ライティング	13,520ドル	2,752ドル	0.20
会計	13,056ドル	23,952ドル	1.83
コンピュータ・エンジニアリング	14,488ドル	40,752ドル	2.81

適用される授業料を基に）同じ計算を会計とコンピュータ・エンジニアリングでもやってみました。上の表がその結果です。

私は自分のメモをじっくり見ました。信頼できる電卓を手に取り、一番右の行を真ん中の行で割りました。自分の選択肢をランクづけするために必要な1つの数字（「Pay-over-Tuition」：POTスコア）がはじき出されます。

学位を取るのに費やした費用にPOTスコアをかけてみましょう。卒業後に最低賃金をどれくらい上まわる収入を稼げるのかがわかります。もし会計を専攻すれば授業料の1・83倍の収入、コンピュータ・エンジニアリングを専攻すればそれを上まわる2・81倍の収入が稼げます。残念なことに、私の子どものころからの夢であるライティングは一番低い数字でした。

コンピュータ・エンジニアリングの圧倒的な

勝利でした。私がウォータールー大学を選んだのは、学位を取りながら働けるインターンシップ制度が整っていたからです。つまり、卒業前に授業料を完済することができるということです。借金を抱えることなく卒業できるだけではなく、履歴書に2年間の職務経歴を載せられるのです。

正直に言って、コンピュータ・エンジニアリングの学位を取るために大学に行くというのは心躍る経験ではありません。私が子どものころから書きたかったのは物語です。プログラミングコードではないのです。ただ、私にはお金がありません。両親も私にこれ以上、金銭的な負担を増やしてほしくありませんでした。私は難しい選択を迫られましたが、数字が教えてくれた選択が正しかったのです。

「心から好きなことをする、充実した人生を送るといった話はどうなったんですか？ 私に幸せになってほしくないんですか？」。あなたはそう言うかもしれません。もちろん、私はあなたに幸せになってもらいたいです。ただ、情熱に従うことが人生のカギだといった言葉こそが最大の嘘なのです。

統計的に見ると、情熱に従った先には、失業や不完全就業が待っているのです。貧しく育った私たちは知っています。次の食事にはどうすればありつけるのか、今月は電気と温水のどちらを取ろうかなどと悩んでいるとき、人は毎日ウキウキした気分で朝を迎えることなどできません。

① 必ずしも情熱は良い仕事にはつながらない

人は変わるものです。あなたを楽しい気分にさせてくれるものは、数年後には全く別のものに変わっているかもしれないのです。ハーバード大学とバージニア大学による心理学の研究によると、1万9000人の参加者のうち、ほぼ全員が過去10年間に自分の情熱を注ぐものが大きく変わったと答えたというのです。(5)

18歳のころに好きだったものを自分のキャリアにしようと奨励することは、高校生のころに大好きだったバンドのような服装だけをするよう奨励するようなものです。そうなると、私はスケアリー・スパイス〔スパイス・ガールズのメンバー、メラニー・ブラウンの愛称〕のような格好で本書を執筆していることになります。誰もそんなことをしたくはないでしょう。

私は猫の動画、旅行、パッタイ〔タイの麺料理〕をお腹いっぱい食べることに夢中ですが、だからといってそれを仕事にできるわけではありません。また仮にできたとしても、そうすべきだというわけでもないのです。

大好きなこと（作家業）をしているいまでも、髪をむしり取りたくなるような日もあります。どんなに情熱を注いでいることでも、フルタイムの仕事になれば嫌なことが出てきます。私は書くことは好きですが、だからと言って同じ章を何度も何度も書き直すことは好きではありません。エージェントから原稿を突き返されたり、目から血が出るまで分厚く難解な出版契約書を読み込むことも好きではありません。

いま作家業を続けていられる唯一の理由は、生活費をそれに頼っていないからです。次の給与の心配をしなければならないときに、仕事が楽しいということはめったにありません。逃げ道がないため、スケジュール通りに創造力を絞り出さなければならないときなどもっと悲惨です。幸運にも好きな分野で働けるときでさえそうなのです！

情熱と幸福はイコールではない

幸せな気持ち（第6章で詳しく取り上げます）は期待と現実の間の相互作用と関連しています。文化的に、私たちは仕事に面白さ、主体性、公平な給与、好きな人と働くこと、そして充足感を期待します。ただ、これらすべての条件が永遠に満たされるという発想がそもそもの間違いです。いくらもらえるのか、その分野にどれくらいの仕事があるのか、同僚がどれほどすばらしいのか、1年後にその仕事が生き残っているのかなどは、あなたがコントロールできることではないのです。

本書の執筆を始めるまで、POTスコアの計算のことはすっかり忘れていました。私のホームページの読者が経済状況に関してアドバイスを求めてきたとき、私は数字を分析するまでもなく「計算すればわかりますよ!」とよく言っています。よく考えれば、私のこの習慣は高校時代にまでさかのぼるというわけです! POTスコアを思い出したことで、当時は選択の対象外だったあらゆる種類の職業でこの計算を試してみたくなりました。

私たちが「夢見る」職業でどんなスコアが出るのか、これから実際に見ていきましょう。2018年の米国の最新の数字を使って計算しています。

非常に厳しい結果となりました。こうした分野で働いている読者からアドバイスを求めるメールがきても、彼らの経済状況が芳しくないのは驚くべきことではありません。私が驚くのは、一般的には儲かる職業と考えられている医者や弁護士からメールをもらったときです。いったいなぜ医者が経済的な問題を抱えるのでしょうか? 次ページの表にそのヒントが隠されています。

これら高給な職業のPOTスコアは美術のスコアとそれほど変わらないのです! 確かに6桁[10万ドル以上]の年収は期待できますが、資格を取るまでにかかる年数と高額な授業料という2つの重い十字架を背負うことになります。この表の授業料はあくまで州立大学に通う州内出身の学生に適用される授業料です。私立の大学に行けば、スコアはさらに低下します。さらに、修学期間の延長に伴う就労の機会損失を考慮に入れていない数字です。

パッと閃いた瞬間でした。卒業して10年経っても多くの医者が経済的に苦しんでいる理由が

いろんな仕事のPOTスコア

専攻	総費用	給与の中央値と最低賃金の差額	POTスコア
美術	10,230ドル×4 =40,920ドル	48,780ドル[(6)] −15,000ドル =33,780ドル	0.83
ダンス	10,230ドル×4 =40,920ドル	35,672ドル[(7)] −15,000ドル =20,672ドル	0.51
役者	10,230ドル×4 =40,920ドル	36,380ドル[(8)] −15,000ドル =21,380ドル	0.52
医学	学部：10,230ドル×4 =40,920ドル 医学大学院： 207,866ドル[(9)] 合計：248,786ドル	208,000ドル[(10)] −15,000ドル =193,000ドル	0.78
法律	学部：10,230ドル×4 =40,920ドル 法科大学院： 18,175ドル×3 =54,525ドル[(11)] 合計：95,445ドル	119,250ドル[(12)]− 15,000ドル= 104,250ドル	1.09
配管工	3,660ドル[(13)]×2 =7,320ドル	52,590ドル[(14)] −15,000ドル= 37,590ドル	5.14

わかったのです。

実りの多いキャリアを歩む上で、必ずしも学位が必要ではないということもこの計算をすればわかります。例えば、配管工の計算結果は前ページのようになります。

配管工になるには、2年間のコミュニティ・カレッジで取れる準学士の学位しか必要ないので、授業料を安く済ますことができます。年収の中央値も相対的に高いため、授業料に見合う十分な価値を得られるのです！　それだけではありません。すでに顧客基盤は盤石で（配管のない建物などありません）、外国に仕事を取られることもなく、供給が少なく需要が多いシカゴやニューヨークなどの大都市では、年収が7万ドルに達することもあるのです[15]！

ご存じでしたか？

この計算が役に立つのは卒業を控えた高校生（ほとんどの人にとってはずいぶん過去の話です）だけではありません。キャリアの変更を考えている人全員にとって役に立つ計算です。

この章を読んで落ち込んだ人もいると思います。はっきりしておきたいのは、私は聞き心地のいいことを言うために本書を書いているわけではありません。真実を伝えるために書いているのです。「（まだ）自らの情熱に従ってはいけない」というのが原則であることを肝に銘じておきましょう。

私は決して、心から好きなことをしてお金を稼ぐことが永遠に不可能だと言っているわけではありません。あなたが私の本を読んでいるのは、私が最終的に作家になれたからなのです。
ただ、まず最初に私がこれから言うアドバイスに従わなければなりません。

心から好きなことをすれば、お金は後からついてくると期待するのは危険です。まずお金を追いかけましょう。好きなことはその後でもできるのです。

すべての学位が平等なわけではありません。（まだ）自らの情熱に従ってはいけません。POTスコアに従いましょう。

本章は、次の文章で締めくくるために書きました。

私は、何1つ後悔していません。

第3章の要点

▼キャリアを選ぶ際に、自らの情熱に従うのは良くありません。

▼POTスコアを基準にキャリアを選ぶべきです。

・POTスコア＝給与の中央値と最低賃金の差額／学位にかかった総費用

・このスコアが高いということは、学位が収入に与える費用対効果が大きいことを意味します。

第4章 あなたは私のものだ

すでにお話ししたように、私は育った環境から多くのことを学びました。私が持つ文化的背景の中でも、特に重宝した特質があります。統計によると、中国人の平均貯蓄率は38パーセントだというのです。[1]米国人の3・9パーセントや日本人の2・8パーセントと比べると、とてつもない数字です。どうしてそうなっているのでしょうか？　単に中国の文化がもともとほかの文化よりも倹約志向なのでしょうか？

私は最も頼りになる資料に当たってみました。父です。父によると、共産党が国を支配する以前にも、政府には腐敗がはびこっており、倹約は単なる生きるための手段だったようです。誰かがあなたに貸しをつくったとき、あなたはそれを返さなければなりませんが、それは政治的な見返りか金銭的な見返りでなされます。誰かに借りをつくることは、誰かにあなたを支配する力を与えることだということが、徐々に国民の心理の中にしっかりと植えつけられていくのです（中国では旧正月の間に借金をすべて返済し、まっさらな状態で1年を始めなければなりません。さもなければ1年中、不幸に見舞われると言われています）。

これはあくまで事例証拠にすぎませんが、ほかの説明もあります。第一に、中国ではほとんどの歴史において、国民は借金ができなかったのです。1985年までクレジットカードすら導入されていませんでした。(2) クレジットカードが1950年に導入された欧米社会と比べてみてください。(3) 私が子どものころ、クレジット（信用貸し）という概念には全くなじみがありませんでした。クレジットカードが何かを知らず、銀行ローンは聞いたことがなく、住宅ローンの仕組みなど知る由もなかったのです。両親は自転車や腕時計など高額の商品を買いたいとき、お金を貯めました。クレジットで買って、後で返済するというのは選択肢にありません。買うお金があるか、買わずに済ますかのどちらかでした。

二番目に、中国では社会のセーフティネットが整備されていないことから、常に自分自身で身を守らなければなりませんでした。教育、医療、老後？　すべて自分で工面しなければならないのです。

最後に、いつか必ず大惨事が起こるという人生観が両親の世代には刷り込まれています。そうしたマインドセット（いつろくでもないことが起こるかわからない）が彼らの世の中の見方を形成していました。政府に頼るという発想自体が嘲笑ものです。政府の仕事は、あなたを助けることではないのです！　彼らの仕事は、あなたの生活をどこまでも悪くする新しい画期的な手法を見つけることなのです。

こうしたことから私は、借金はいかなる犠牲を払ってでも避けなければならず、もし何かを買いたいときには、前もって稼がなければならないということを学びました。私は大学を卒業するまでクレジットカードを持っていませんでした。仕事をしているときは、私は友人や同僚が思いっきり借金するのを冷めた目で見ていました。彼らはまだ稼いでもいないお金を使い、高額なオプションつきのものではなく、ベーシックなテスラモデルを選んだだけで、自制できたと言って悦に入っているのです。

それ以来、私はなぜ借金がそれほど破滅的なのかに気づきました。借金は時間とお金のつながりを断ち切ります。そうなったとき、人は破産に通ずるような決断をするようになるのです。

「あなたの資産」が倍になるのにかかる時間は？

アインシュタインは次のように述べたと言われています。「複利は世界で八番目の不思議だ」。あなたがお金を稼いで貯めると、貯めたお金がお金を生み出し、生み出されたお金はさらなるお金を生み出します。文字通りあらゆるお金に関する本が複利の話を載せており、それは非常に良いことだと誰もが口をそろえます。

ただ、もしそれが非常に良いことでなければどうなるでしょう？　もしそれが非常に非常に悪いことだったら？

誰もが$E = MC^2$という公式を見たことがあると思います。それではここで、ルカ・パチョーリの72の法則を紹介させてください。

以下がその法則です。あなたが稼いでいる投資のリターン（例えば、年間6パーセント）を、72で割ってみてください（72／6＝12）。その答えこそが、あなたの資金が2倍になるまでにかかる年数です。もし私が1000ドル投資して、年間リターンが6パーセントであれば、12年後には1セントも追加投資しなくても2000ドルに増えます。お金がお金を生み、そのお金がさらなるお金を生み出すため、時間とともに残高は増えていきます。

もしあなたが投資家であれば、72の法則はあなたのお友だちです。あなたのお金を増やしてくれる法則です。一方、もしあなたが借金を背負っていれば、72の法則はあなたの敵に変わります。なけなしのお金をかっさらう法則なのです。

借金はそれほど恐ろしいものなのです。もし殺してしまわなければ、借金という猛獣はすべてを食い尽くすまで際限なく成長していきます。

猛獣をそこまで成長させてはいけません。いますぐに殺さなければならないのです。

① 将来のあなたVSいまのあなた

借金が危険だということのもう1つの理由は、お金の価値を歪めることです。

中国で両親がまだお金を持っていないとき、ふたりは何も買えませんでした。クレジットカードはなく、融資限度額もなく、何もありませんでした。買うお金がないときは、ただそれを買わないまでです。どうでしょう、いま振り返ると健全なシステムではありませんか？　昨今では、猫も杓子もクレジットカードを持てます。ただ、彼らはカードを持ってしまうと、お金の尊さを忘れがちになるのです。

お金とは、まさに時間です。

１００ドルの腕時計を買うためには、両親は肉体労働で１００ドルきっかり稼がなければなりませんでした。当時の両親の日給44セントで計算すると、食べ物や服、基本的な生活にかかる出費を計算に入れなくても、２２８日かかる計算になります。１台のテレビを買うとなると、少なくとも1年の労働が必要なのです。

借金はそのすべてを変えてしまいます。借金すればそのテレビがいますぐに手に入ってしまうからです。空から落ちてきたようなお金です。将来的には2倍、3倍の費用がかかることになるのですが、それは将来のあなたの問題です。いまのあなたは最新のテレビに舞い上がって、そんなことは頭にありません！

お金と時間のつながりを断ち切ることで、借金は将来のあなた自身を欺くのです。

米国人は現在、13兆ドルもの借金を抱えています。[4] カナダ人の借金は1・8兆ドルです。[5] 購入しているものの価値がそれを買うために必要な労働時間に紐づけられていないとき、「偽金」を使って簡単に無駄づかいしてしまうのです。驚くようなことではありません。問題は、いまのあなたは最終的には将来のあなたになるということです。そのときに、あなたはいったいどうするつもりですか？

第一に、多額の借金はいかなる手段を使ってでも避けるようにしましょう。それは最悪の過ちです。そうは言っても、私たちの多くはすでに多額の借金を抱えてしまい、経済的自立の道に戻ろうともがいています。では、どうすればいいのでしょうか？

その質問を待っていました。

消費者ローンは最悪の借金

あらゆる借金の種類の中でも、消費者ローンこそ最悪の借金です。まさに血を吸い上げる吸血鬼です。カラカラに干からびるまで血を吸い取られるだけではなく、あなたは室内に閉じ込められてお天道様の光を恐れるようになります。また、必要ないものまで買わされ、机に何年間も縛りつけられるのです。

消費者ローンの金利は、最も高いです。何よりも真っ先に、この化け物から抹殺する方が賢明です。消費者ローンはすぐに対処すべき緊急事態なのです。では、何をすればいいのか。次にいくつか挙げてみます。

1. 多少の痛みが伴っても、支出をギリギリまで切り詰めましょう。消費者ローンの金利は一番高いため、72の法則に従えばどの借金よりもすぐに2倍に膨れ上がります。危機として取り扱う必要があります。10〜20パーセントもの金利のある借金を抱えている間は、投資や貯蓄のことなど考えてはいけません。その借金を返すことが一番の優先事項であるべきなのです。副業を始める必要がある、ルームメートが必要だ、もしくは外食の誘いを断らなければならない。もしそうなら、ためらわずにそうしましょう。

2. ローンの金利を高いものから低いものへ順番に並べてみましょう。もしすでに複数の吸血鬼に首に噛みつかれているのであれば、最初に金利の最も高い吸血鬼から抹殺しましょう。その吸血鬼は一番血を吸い、さらに一番速く成長します。2倍危険な存在なのです。
最初に、債務不履行に陥ってはいけないので（そうなればいっそう対応が難しくなります）、すべてのクレジットカードで最低限必要な金額は支払いましょう。次に、これまでで一番強力な武器をつくり（手元のお金をすべてかき集める）、一番邪悪な吸血鬼（一番金利の高い借金）の心臓にまっすぐ突き刺しましょう。一番金額の少ないローンを返すと気分は楽になるかもしれませんが、ここでは化け物を殺そうとしているのです。自尊心を回復させることが目的ではありません。目標は、苦労して稼いだお金をクレジットカード会社にできるだけ奪われないことです。そうすれば資金を投資にまわせ（第8章で扱うテーマです）、あの甘美な自由をいち早く味わうことができるのです。

3．ローンを移し替えましょう。多くのクレジットカード会社は、残高を別のカードに移し替えるプロモーションを実施しています。会社はあなたが返済できないと思っており、期間が過ぎれば金利は一気にはね上がります。そうなれば再び悲惨な目に遭うのです。心しておきましょう！

消費者ローンを借りている間に投資について質問してくる読者には、寄生動物を背負いながらマラソンを走ろうとしているようなものですと伝えます。無駄な努力なのです。最初の1マイルでエネルギーが尽きるでしょう。投資のリターンがどれほど高くても、借金の金利ですぐに帳消しになります。まず支出を削り、その吸血鬼を抹殺してください。

学生ローンは二番目に恐ろしい借金

金利という観点では、学生ローンは二番目に恐ろしい借金です。だからこそ可能であれば大学の専攻を選ぶ前に、第3章で学んだPOTスコアを計算することが重要なのです。

もし、あなたの給与が少なくて借金地獄から逃れられず、膝まで借金に浸かりながら本書を読んでいても、まだ選択肢は残されています。

住宅ローンはどうすればいい?

最後に挙げるのが住宅ローンです。住宅ローンは一般的に最も金額が大きく、最も多くの人が抱える借金です。住宅はここで議論するには大きすぎるトピックですが（第7章で扱う予定です）、少しだけ触れておきます。住宅ローンは不動産が担保となるため、金利は抑えられる傾向にあります。消費者ローンの金利は10〜20パーセント、学生ローンの金利は4〜8パーセントですが、住宅ローンの金利は3パーセントということもあります。そのため、住宅ローンを返済を後まわしにして、資金を投資にまわすというのも合理的な判断です。守り重視のポートフォリオを組んでも、年間6~7パーセントのリターンを得られるからです。借金を抱えていると、望むような生活はできなくなります。すぐに雪だるま式に増えていくからです。そもそも借金をしないことが最善の戦略ですが、すでに借金を抱えている場合は本章で紹介したツールを利用しましょう。

第4章の要点

▼借金では、複利の力がマイナスに働きます。

▼消費者ローンは最も危険であり、できるだけ速やかに返済すべきです。

・支出をギリギリまで切り詰めましょう。

・最も金利の高い借金からまず返済しましょう。

・ローン残高を別のカードに移行すれば、一時的に金利がゼロになるプロモーションの利用を考えましょう。一息つけるはずです。

▼住宅ローンは多くの人が抱える三番目のタイプのローンです。

・金利が4パーセント未満であれば、最低限の額だけ返済し、残りのお金は投資にまわしましょう。

・金利が4パーセントを上まわれば、投資する前にローンを全額返済しましょう。

第5章 誰も助けにきてはくれない

北米の幼稚園や保育園では、おやつの時間（snack time）が用意されているのをご存じですか？　中国で用意されているのは、お仕置きの時間（smack time）です。しかも、それは1日中続きます。お昼寝をしすぎた？　お仕置きです。遊び方を間違った？　お仕置きです。友だちに手を出した？　何度もお仕置きです。

「暴力はダメですよ！」。先生は3歳児の頭を何度も叩きながら、教室で大声を上げます。

私たちの文化を野蛮だと片づける前に、中国と欧米各国では子どもの育て方が全く違うということを理解してください。人口があまりに多いため、学校は非常に競争が激しいのです。言われたことをきちんとやることが期待されており、さもないとすぐに痛い目にあいます。

父が最初に私に「吃苦」の概念を紹介してくれたのは、こうした環境の中ででした。直訳すると、「痛みを飲み込む」という意味です。痛みを飲み込むことは、私たちの文化では強さだと見なされます。不満を言わず、怒りを抑え、痛みを受け入れ、耐え抜くことで人格が磨かれるのです。大飢饉の間、父の世代は苦瓜を食べました。ほとんど食べられたものではない野菜でしたが、手に入る数少ない食べ物の1つだったのです。父はときどき、いまでも苦瓜を口にします。痛みの味を思い出すためです。

中国人は、ときに感傷的な行為をすることがあるのです。

座っているときに落ち着きがないという理由で先生から叩かれたとき、私は吃苦しました。お昼寝をしない（その先生の近くでは緊張して眠れなかったのです）からといって蹴られたとき、私は吃苦しました。父に起きたことを報告することはありませんでしたが、毎朝父の脚をつかみ、登園を拒否していたため、うすうす気づいていたようです。

30年後、父は私に幼稚園を辞めさせようか悩んだことを認めました。ただ、父は常に共感よりも現実を重視します。あなたに何の落ち度がなくても、人生がひっくり返ることはありません。それに耐え抜いて、生き残る方法を学ばなければならないのです。誰も助けにはきてくれません。**父は私を助けようか悩みました。ただ、私に吃苦の仕方を、自分で窮地を脱する方法を学んでほしかったのです。**

問題は、アジア人の知的能力に対するステレオタイプに反して、私は特に賢くはなく、それほど数学も得意ではありませんでした。ほかの人が難なく理解できる基本的な概念を理解するのに、数日かかることもありました。中学生のときは、自由時間のほとんどを図書館で過ごしていたにもかかわらず、クラスの７割が合格していた読解力試験に落ちたこともあります。

高校では物理とコンピュータが私の最も苦手な科目でした。最初のテストでは６割しか取れなかったのです。幸運にも、機械エンジニアだった父から個人指導を受けることができました。ただ、英語と読解に関しては、両親は助けにはなりません。毎晩遅くまで起きて、苦労しながらシェイクスピアと小論文の手引書を読んでいました。

同級生の10倍努力しなければならないことはわかっていました。夏休みを返上し、補習も受けました。前倒しで学ぶことによって、学校が始まったときに内容を消化する余裕が生まれたのです。余った時間を使い、教科書や練習問題の予習にまわしました。

高校を卒業するころには60点台が90点台になり、プログラムの過酷さで悪名高いウォータールー大学のコンピュータ・エンジニアリング学部に合格できました。もちろん、大学ではさらなる困難に直面することになります。私は実習室、学習室、図書館にこもり、休むことなく12時間勉強しました。徹夜することも珍しくありませんでした。

そして、そのすべてが報われました。

高校のとき、すでに正しい学位を取ることが私にとって成功へのチケットであることを理解していました。大学のクラスでは最下位に近い成績で卒業しましたが、インターンでは多くの無給の残業をこなして猛烈に働いたため、卒業後はすぐにフルタイムの仕事を手にしました。上司は私の平凡な成績など気にもとめませんでした。私の常軌を逸した労働倫理を買ってくれたのです。追加で仕事をお願いされるたびに、私はいつも「どんどんください！」と言っていました。

誤解してほしくないのですが、一生懸命勉強や仕事をしたから自分が成功したと自慢しているわけではありません。あとあと気づいたことですが、私が一生懸命働いていたのは恐れていたからです。良い人生を送るための唯一のチャンスだと恐れていたため、台なしにしたくなかったのです。当時、中国の親族を金銭的に支援していた父の負担になることも恐れていました。もし私が失敗すれば、父がこれまでに払ってきたあらゆる犠牲を台なしにして、家族が再び貧困に逆戻りするのではないかと恐れていました。

『アポロ13』でエド・ハリスが演じた登場人物の言葉を言い換えれば、失敗は選択肢にはなかったのです。

① 欠乏マインドVS権利マインド

私の同級生の多くは、私とは育ちが全く違いました。サマーキャンプに行き、卒業祝いとして自動車やヨーロッパ旅行をプレゼントしてもらっていました。ところが卒業後、そんな彼らが仕事を見つけられなかったり、実家の地下室を借りて住んだりしていました。戸惑いました。貧しく生まれた私が中産階級にはい上がれたのなら、中産階級に生まれた彼らは、私よりも豊かになるはずではないでしょうか？

あとあと気づいたことですが、彼らには私の心に深く根づいていた失敗に対する恐怖心が単純に……欠落していたのです。運命を改善するために何をしているのか彼らに尋ねると、「きっと何とかなるよ」、「わかんないけど、仕事は得意じゃないから」などと答えます。

彼らにとって、失敗は完全に選択肢の1つなのです。

私は欠乏のみを知る環境に生まれました。ただすでに説明したように、欠乏マインドは不幸中の幸いでした。事態がいつ悪くなってもおかしくないことを知っていたので、お金は尊いものであり、もし人生に安全と自律を求めているのならお金を稼がなければならないことをわかっていたのです。

私は同じミレニアル世代を悪く言いたいのではありません。私たちは長い間、「Me Me Me世代」と中傷されてきました。「一部の人に与えられる」特権を「誰もが平等に与えられている」権利と履き違えた権利マインドを持っていると言われてきたのです。これはちょうど社会人になろうとしている時期に金融危機が起きたという不運を考慮に入れていない、あまりに乱暴な一般化と言えます。ただ、ときどき自分だけが同級生とは違う惑星の住人だという感覚を覚えたこともあります。発展途上国の貧しい人には、セーフティネットなどありません。ただ、この国には自立を後押ししてくれる制度があります。すばらしい制度ですが、それが権利マインドと合わさったとき、人々はそうした援助に依存するようになり、ママやパパから手を差し伸べられることも少なくありません。

経営学と経済学の教授であるポール・ハーヴェイによると、「強い権利意識を持つ人々のフラストレーションのおおもとは期待が満たされないこと」だと言います。[1] 自分は特別だと信じ、やるべきことはたった1つの情熱を見つけてそれを完璧な仕事に昇華させることだと考える。それこそがまさに災厄の種なのです。世界はあなたに借りなどありません。

需要のあるスキルを磨くことによって、あなたは「特別」になれるのです。それには集中と根性、長期に及ぶ努力が必要です。他人も手を貸してくれはしますが、最終的には、自分で何とかしなければならないのです。

なぜ、自分で身を守る必要があるのか？

私は24歳まで泳げませんでした。この話を聞いて友人は驚きます。私が31歳でリタイアした後にスクーバダイビングの資格を取り、タイやカンボジア、カリブ海、ガラパゴス諸島でダイビングを楽しんでいたからです。実際はつい最近まで、私は水を恐れていたのです。私が住んでいた中国の小さな村には、遊泳用のプールなどありませんでした。カナダに移住した後、私は一度溺れかけそうになり、そのときに水泳は二度とやらないと誓ったのです。

水に対する恐怖心を克服しようと決意したのは、すっかり大人になってからでした。私はYMCAの会員になりました。照れくさい気持ちはありましたが、決意は固かったです。始めたころは、子どものときに父からもらった大切な誕生日カードのようにビート板を胸にしっかりと抱きかかえていました。ただある日、インストラクターが泳いできて、ビート板を私の手から奪い取ったのです。「君がボートから落ちたとき、ビート板が魔法のように急に出てくると思うのかい？」。正論でした。松葉づえを卒業する時期がきたのです。泳ぎ方を習得することは、私にとって最も満足度の高い経験の1つでした。

計画が途中で狂ったとき、常に手を差し伸べてもらえるわけではありません。不安定になる一方の雇用や、なくなりつつある年金制度など経済の実情を考えると、リタイア後の人生を政府や会社に頼ることなどできません。

私が受け取る読者からのメールにはよく、彼らがいかにして経済的な苦境を乗り越えてきたのかがつづられています。手を差し伸べてもらった人もいれば、自分ひとりで何とか乗り切った人もいます。ただ最終的には、彼らは全員自分で自分の身を守りました。

スーザンはカナダのアルバータで育ちました。両親はブルーカラーです。彼女の父親は事業に失敗して家族の貯蓄を使い果たした後、お酒に走りました。家族は貧しく、父親に怯える生活でした。手持ちの札が厳しいのはわかっていましたが、彼女はそんなことではへこたれません。大学に通わせてもらえる金銭的な余裕がなかったため、彼女はコミュニティ・カレッジに行き、アルバイトをして授業料を払い、2年で学位の取れるプログラムを選びました。

卒業後、彼女は海運会社に勤め、年収はおよそ3万5000ドルでした。やがてプログラミングの資格を取ってソフトウェア開発者になり、4万5000ドル稼ぐようになりました。その7年後、彼女はPMP（プロジェクトマネジメント・プロフェッショナル）の資格を取り、職歴も相まって年収10万ドルを稼ぐコンサルタントになったのです。彼女は恵まれない家庭環境に打ち勝ち、仕事を始めて12年後には10万ドル以上を稼げるようになれました。

メリッサはシカゴの施設で育ちました。空腹のあまり摂食障害を患ったこともあります。学校の成績は良かったですが、大学に行けるなどとは考えていませんでした。ところが、教師は彼女をあきらめませんでした。教師たちがSATやACT［大学入試に利用される学力テスト］を受けるのに必要な手数料まで払い、彼女は飛び級で大学に入学したのです。5つの学位と博士号を取り、彼女はいまでは公的機関で10万ドル以上の年収を稼いでいます。

ニックはテキサス州ダラスで育ちました。父親は凄腕のセールスマンで大金を稼いでいましたが、多額の借金も同時に抱えていました。彼の子ども時代は普通の子どもでは夢にも見られないような恵まれた生活でしたが、大学に行くころに父親が失業しました。学費として用意していた資金は家や家政婦の給与、BMWの支払いにまわされました。人生で初めて、自力でやっていくしかなくなったのです。

彼は猛烈に働き、在学中にアルバイトで学生ローンの大半を返済しました。就職の見通しの良い分野（石油工学）を選び、卒業してから1年以内に学生ローンの残りを返済しました。彼は父親から金銭的な援助をもらえなかったことが人生で最良の経験だったといまでは話してくれます。父親と似たような金銭感覚にいまだに苦労し、借金を重ねている兄弟を尻目に、ニックは世界中を旅して海外でリタイアできる十分な額のポートフォリオを構築しています。

自分自身のセーフティネットをつくる

欠乏マインドは私たちにお金が尊いものであることを教えてくれます。権利マインドは私たちが個人的責任から一時的に目をそらすことを可能にしてくれます。ただ、突然の解雇やアウトソーシングなどの恐ろしい事態は避けられません。私たちは全員、そうした事態から自分の身を守れるようにならなければならないのです。

そのために、自分自身のセーフティネットを構築するのです。食べるものや着るものには困らないセーフティネットです。ときにはアルバ［西インド諸島の島］で優雅な休暇を過ごせるくらいしっかりとしたセーフティネットです。決して会社や政府には頼りません。いずれも以前のように頼れる存在ではないのです。自分で自分にセーフティネットを提供できれば、持って生まれたものが欠乏マインドであろうが権利マインドであろうが関係ありません。いずれにせよあなたは勝つのです。

私がこの境地に到達するまで、大学を卒業してから9年を要しました。それまでは試行錯誤の繰り返しで、こうすべきだったと思うことばかりです。社会人になって新たな仕事を始めた最初の日、これからの人生は楽勝だと思いました。ここからは順風満帆、吃苦の時代は終わったと胸を撫で下ろしました。

ところが実際は、想像もしなかったような更なる苦難の道が私を待ちかまえていたのです。

第6章 ドーパミンについてわかったこと

私はかつてコーチのハンドバッグ中毒だったことがあります。しかし、そのころを後悔してはいません。身をもって学んだことによって、お金（そして幸福）に対する自分のアプローチが大きく変わったからです。私は最初のハンドバッグを買うとき、ユーチューブのビデオを何時間も見てまわるなど細心の注意を払って調べました。

第1号のバッグ（ライムグリーンのペネロピのショッパー）を買ったとき、私の心臓は興奮のあまり張り裂けそうでした。人生で初めて手にする高級品であり、正式な中産階級への仲間入りを記念するものでした。一晩中、寝ることを忘れて生地の匂いをかぎ、革を優しく撫でながらこうささやきました。「私の大切な……」。文字にするとバカっぽく聞こえるので、これ以上はやめておきましょう。

この初めての買い物では、心の底から幸せを感じました。ところが2つ目のバッグ（ゴールドのアシュリーのキャリーオール）では同じ幸福を得られなかったのです。私は非常に困惑しました。下調べには同じくらいの時間をかけ、同じくらいの値段だったにもかかわらず、同じではありませんでした。同じようにハイになれなかったのです。5つ目のバッグを買ったときは記憶にすら残っていません。それからすぐ私はハンドバッグに飽きてしまい、1つを残してすべて売ったり譲ったりしました。

私はいつの間にかヘドニック・トレッドミル現象（人は幸せに慣れる生き物だという性質のこと）に陥っていたのです。

私たちは何か特別なものを買ったとき、もしくは昇給したとき、幸福になります。人生における前向きな変化を知覚するからです。同様に、何か悪いこと（タイヤのパンクや健康問題）が起きたときには、その後ろ向きの変化によって私たちは落ち込みます。ただ時間とともに、そのニューノーマル（新たな常態）にも慣れ、幸福感はもともとの水準に戻るのです。

心理学者であるフィリップ・ブリックマン、ダン・コーツ、ロニー・ジャノフ・バルマンの3人が1978年の研究で初めてこの現象に気づきました。

研究では、2つのグループの幸福レベルを追跡しました。宝くじに当選したグループと対麻痺(ついまひ)を患ったグループです。予想した通り、宝くじに当選したグループは対照群と比べてはるかに高い幸福レベルを報告し、対麻痺を患ったグループははるかに低い幸福レベルを報告しました。ところが時間が経つと、両グループとも現状に適応し、1年後には人生が変わる以前の幸福レベルを報告していたのです。[1]

幸福とは相対的なものです。これを理解すれば、高級ハンドバッグの収穫逓減の理由がわかります。この法則は、人生のあらゆる分野に応用が利きます。

ニューヨーク・タイムズのベストセラー『Your Money or Your Life』の著者であるヴィッキー・ロビンは1970年代に、彼女が人口に膾炙するきっかけとなる金融セミナーを始めました。彼女は参加者にいまいくら稼いでいるのか、そして幸福になるためにはいくら必要だと思うのかを紙に書いてもらいました。平均すると、人々はいま稼いでいる収入の2倍の収入が必要だと答えていたのです。いまの収入が3万ドルであろうが、10万ドルであろうが関係ありません。幸福になるための収入はいまの収入との相対的なものだったのです。

つまり、私たちは自分に与えられたものでは満足できないということでしょうか？　表面的に見るとそう思えますが、深く調べていくと、ヘドニック・トレッドミル（その上ではどんなに走っても、常に定位置にとどまります）は単なる心理学的な現象ではありませんでした。それは生化学的な現象だったのです。

① 自分の脳が悪い

あなたの脳は複雑な機械です。神経科学者でさえようやく理解し始めたところです。彼らが比較的よく理解しているのは、脳の報酬系の一部である中脳辺縁系路です。渇望や空腹、性欲、快楽などの感覚を引き起こす経路を含んでいます。お腹が空いたときには食べ物を求め、喉が渇いたときには水を求めるよう促してくれます。ほしいものを得たときに正の強化を感じるのも、中脳辺縁系のおかげです。

ここでドーパミンの話になります。「快楽物質」であるドーパミンは中脳辺縁系路を通る代表的な神経伝達物質です。何か良いことが起こるとドーパミンが放出され、私たちは快楽を感じるのです。少なくとも、そう信じられてきました。実際は、もう少し複雑です。中脳辺縁系路には側坐核と呼ばれるドーパミンを処理する構造も含まれており、側坐核はドーパミンに敏感な神経経路を内包しています。これこそが真の快楽と幸福への入口なのです。この違いによって、「より多くのドーパミン＝より高い幸福感」という命題が実際には成り立たないのです。

２００６年、ドイツの神経学者たちは側坐核に関するある実験を行いました。彼らがその実験で発見したことが、ヘドニック・トレッドミルの仕組みを解明してくれました。被験者は円や三角など単純なものを識別するゲームをするよう依頼されます。もし彼らが勝てば、１ユーロがもらえます。もし負ければ、何ももらえません。ゲームを始める前に、彼らには勝つ確率が教えられます。

ゲームに勝ってお金さえもらえれば、被験者はご機嫌になると思っていませんか？　違います。fMRIを見ると、勝つ確率が高い（100パーセントなど）場合は、いくらゲームに勝っても側坐核のドーパミン受容体の活動は活性化されなかったのです。逆に、勝つ確率が低いとき（25パーセントなど）にゲームに勝つと、同じドーパミン受容体が急激に活性化されます。一方、勝つ確率が高い（75パーセントなど）ときにゲームに負けてしまうと、ドーパミン受容体の活動は低下してしまいます。

側坐核は正の刺激だけではなく、その刺激への期待にも反応するのです。つまり、快楽は脳に放出されたドーパミンの絶対量ではなく、側坐核において期待した量と比較した相対量によって決まるというわけです。絶対ではなく、相対です。

ⓘ コカインさまさまさま！

その研究結果は学術論文として発表されました。論文のタイトルは「Prediction Error as a Linear Function of Reward Probability Is Coded in Human Nucleus Accumbens」(2)。全く意味不明のタイトルです。元エンジニアである作家として、私は面白さと吐き気の両方を感じました。とにかく、あらゆる科学用語がそうであるように退屈ではありますが、この論文はお金と関連づけて脳の報酬系を調べようとした数少ない試みの1つなのです。

実際、依存症を調べようという文脈でなされた研究を通してでしか、人間の中脳辺縁系路についてはわかっていません。具体的に言うと、麻薬依存症者の理解と治療を目的として米麻薬取締局（DEA）や米疾病対策予防センター（CDC）、世界保健機関（WHO）によって資金援助がなされたコカインに関する研究です。

コカインやアンフェタミンなどの麻薬は、ドーパミンの再取り込みと再吸収を途絶させることによって作用します。ドーパミンが中脳辺縁系路に大量にあふれ、快楽を司る機構を狂ったように刺激するのです。ただ、側坐核もかかわってくるため、脳はニューノーマルにリセットされます。そのためコカインの利用者が次にコカインを吸ったときには、以前ほど強烈なハイにはならないのです。基準値が調整されたため、同じくらいハイになるためにはもっとコカインを吸引しなければなりません。そうなると、利用者の行動は二手に分かれます。

麻薬の効果が減退したことで飽きて利用をやめるか、吸引量をもっと増やすかです。依存症者の間では「最初のハイを追いかける」と表現されます。

ヘドニック・トレッドミルは同じように作用します。高額の商品にお金を使うたびに、あなたは少しハイになります。側坐核が前向きな変化を探知しているからです。ところがそのハンドバッグやテレビ、Ｘｂｏｘを買った後には、側坐核は順化してしまいます。同じようなものを買うたびに、快楽レベルが徐々に低下するのです。刺激は同じですが、脳の期待値が上がるからです。

すべての支出が平等ではない

通常では、ここでお金を使いすぎている人を注意すべきところですが、残念ながら私の考えは違います。ここで私が伝える教訓は、あなたが想定しているようなものではありません。**幸福のメカニズムを理解したとき、私はあることに気づきました。この現象はモノの所有だけに言えることであり、経験には当てはまらないのではないかということです。**

子ども時代にほとんど小さな村から出ずに過ごしたからだと思いますが、私はずっと旅行が大好きです。働いているときは、夫のブライスと年2回の休暇を計画し、欧州かカリブ海で過ごしました。それぞれ平均で2500ドル（決してはした金ではありません）かかっています。そして毎回、最高のときを過ごせます。合間には旅行ガイドを読んだり、『アンソニー世界を喰らう』［米国の旅と食事の番組］を見たりしながら、次の休暇を楽しみにしています。やがてそのときがくると、私たちは「すごい、ローマにいるよ！」といった感じになります。その後、旅行中に撮った写真を何度も見て、心温まるあいまいな記憶を交換し合います。何が言いたいのかというと、旅行は行くたびに価値がある経験だったと思えるということです。モノにお金を使ったときと同じような幸福度の低下はありません。だからこそ私たちは旅行を続けているのです。

それと同時に、私は友人や家族の間に共通する奇妙なパターンがあることに気づき始めました（ブログを始めて、読者が分析を求めて経済状況をメールで送ってくれるようになると、その思いはより強くなりました）。

より多くのモノを所有するほど、人はより不幸になり、よりストレスを抱えるということです。逆に、より少ないモノを所有し、旅行や新たなスキルの習得など経験によりお金を使うほど、人はより幸福になり、より人生に満足するのです。

モノの所有は最初はドーパミンがあふれますが、側坐核が順化するにつれて減っていきます。そしてあなたは最初のハイを求め続けるようになります。経験にお金を使った人の方が、より高い幸福度を得られるのです。

モノはどんどん増えていくという性質も持ちます。私にはアート作品を集めている友人がいますが、必要な出費はその作品だけではありません。作品を額縁に収める必要があります、強度を高めるためにマンションの壁を補強する必要があります、芸術家が意図した展示をするために特別な照明を買う必要があります、保険も必要です……。

挙げるときりがありません。そして次々と出費が増えるたびに、彼は「弱みにつけこむ」手口の汚い美術商に対して怒りを爆発させます。

すべての支出が平等なわけではありません。よほど困窮していない限り、家賃や食料、暖房、電気などの日々の支出はあなたの幸不幸に大きく影響を与えません。ある段階から、それは当たり前のものになるのです。あくまで基礎的な支出です。

モノであろうと経験であろうと、あなたの人生に何か新しい風を吹き込んでくれるとき、支出は幸福感を高めてくれます。ぜいたくな支出なのです。幸福感はモノに対しては一時的ですが、経験に対してはそうではありません。

あなたの幸福感を低下させる支出もあります。モノを所有したときに付随して必要となる支出（保険や維持費など）です。浸水した地下室やタイヤのパンクのための支出を喜んでいる人などいません。想定外の費用なのです。

私が子どものころ、幸福のカギはより多くのモノを持つことだと思っていました。コーラの1缶でこれだけ幸せになれるのなら、30缶あれば30倍幸せになれるに違いないと思ったのです。ところが実際は、もし誰かが30缶のコーラをくれていたら、私はパニックになり、近所の人からその財産を隠すために鶏小屋の下に穴を掘っていたはずです。

そして玄関の前に座り、誰かが私たち家族を殺してその財産を盗まないように、怪しい人をずっと見張っていたはずです。

それがモノの所有につきまとう問題です。当初の幸福感は強いですが、徐々に薄れていきます。さらに、そのモノが高額である場合、心配の種になるのです。もし壊れたら、修復にもっとお金をかけなければなりません。例えば、もし鶏がコーラの缶をくちばしで開けてしまったら、私はその鶏を殺めなければならなかったでしょう。つまり、コーラ1缶に加えて、鶏も1羽失うことになるのです。新たな鶏を飼うのに、もっとお金がかかります。モノを所有すれば想定外の費用が派生するのです。

アート作品を集めている私の友人のことを考えてみてください。最初の買い物で彼は大きな幸福感を得ます。ところが側坐核が順化することによって、次第にその幸福感は薄れていきます。もし高額の支出によって保険や維持にかかる費用が発生してしまうと、その支出は彼を幸福にはしません。むしろ逆の効果をもたらします。

経験にお金を使った人のケースでは、全く同じ経験などないため、あなたの幸福感はお金を使うたびに上がります。それだけではなく、経験を終えても手元には何も残りません。保管する必要がなく、想定外の費用が派生することもないのです。

すべての節約に痛みが伴うわけではない

このことに気づいたことで、ある可能性がひらめきました。もしすべての支出が平等ではないのであれば、すべての節約に痛みが伴うわけではないのでは？　もしある種の支出が幸福感を高めないのであれば、その支出を削っても幸福感に影響を与えないのでは？　もしある種の支出が幸福感を低下させるのであれば、その支出を削ることでむしろより幸福になるのでは？

支出を切り詰めるのは、ダイエットのようなものだと誰もが考えがちです。支出を減らせば、これまでより幸福ではなくなると思われています。**ところが実際は、ある種の節約はあなたの幸福感を低下させません。つまり、すべての節約に痛みが伴うわけではないのです。**

トロントである夏、地下鉄を運営するトロント交通局がストを決行しました。数週間、トロントの地下鉄は止まり、あらゆるニュースに怒り狂ったカナダ人が映し出されました（それほど頻繁に起こることではないですが、起こったときには気をつけましょう！）。毎日タクシーを使う代わりに、私はジョギングで職場に向かうことにしました。驚いたことに、想像していたほど時間はかからず、それほどきつくもありませんでした。体重が減って、ジムをキャンセルすることもできたのです。地下鉄が再開しても私はその習慣を続け、その夏、毎月およそ200ドルを節約しました。体の調子は良く、銀行の残高も増えていったのです。

第2章で説明したクローゼットの実験を覚えているでしょうか？　どの服を着ているのかを1カ月間継続して確認し、実際に高い頻度で着ている服を仕分けしてもらいました。それではあなたのクローゼットが火事になり、服が燃えたと想定してください。目印をつけたハンガーの左側の服が燃えたところで、ほとんど着ていない服です。がっかりするかもしれませんが、日々の生活に支障はありません。逆に、右側の服をすべて失った場合はどうでしょう？

痛みを感じるはずです。あなたが毎日着ているものであり、服を選ぶたびに、燃えた服のことが恋しくなるはずです。

すべての支出が平等ではありません。ということは、すべての節約も平等ではないのです。節約によって大きな痛みを感じるものもあれば、全く痛みを感じないものもあります。

ちょっと個人的な話

ここで白状しますが、私はパーソナル・ファイナンスの本を読むとイライラします。お金を使うことを後ろめたい行為だと感じさせ、毎朝1杯のコーヒーを買うだけでもうるさく咎められているように感じるからです。もし投資にまわしていれば、その3・5ドルが30年後には10万ドルになるんですって！

クソっくらえです。その計算自体は間違っていないと思いますが、その手の普遍的なアドバイスはバカげていると思います。（私のように）コーヒーを飲まなくても何とも思わない人もいますが、大好きな人もいます。彼らにとっては、コーヒー1杯だけで1日がよりすばらしいものになるのです。私は中国の四川省出身です。食べ物はすべて辛い油で覆われています。「辛いものさえ食べなければ寿命が延びるのに」などと言ってくる人にはこう答えます。「大好物が食べられないなら、長生きなんてしたくありません」

節約の秘訣は誰かがつくったテンプレートを模倣することではなく、自分なりのやり方を見つけることです。

ステップ1：あなたを幸せにしない基礎的な支出を削る

最初に簡単なものから始めましょう。毎月の支出を精査し、削っても生活の質に大きな影響を与えない支出を探してみましょう。銀行の手数料などが良い例です。手数料無料のインターネットバンクや信用組合に口座を開設すれば削れる支出です（気分は爽快になります）。

まず、やってみてください。自分でもすっかり忘れていた無駄な支出を見つけられるかもしれません。もはや自分の手から離れているウェブサイトをホストしてもらうために、いまだに料金を払っていた友人もいました！

手始めに確認すべき項目をいくつか挙げておきます。

- 銀行の手数料
- 利用していないサービスのサブスクリプション
- 視聴していないチャンネルのケーブルテレビ
- 固定電話（まだ、使っていますか？）

ステップ2：痛みの伴う支出を削る（でもいずれ慣れます）

次に、削ると多少は不快な思いをするかもしれませんが、いずれは慣れる支出を探してみましょう。私にとっては、職場へのジョギングがこれに当たります。あなたにとっては家で料理する、職場に自転車で行く、新品ではなく中古品を買うことなどが、これに当たるかもしれません。調整期間は必要ですが、側坐核が作動すれば、幸福レベルはいずれ元の水準に戻ってくれます。

削るとどうしてもあなたの幸福に永続的に影響を与えてしまう種類の支出もあります。もし私がスパイシーな四川料理を食べられなくなれば、私の幸福レベルは下がるでしょう。

あなたの個人的な状況に合わせて適切な支出を削ることが、支出をうまく切り詰めるカギとなります。「コーヒーを買うのをやめればいい」といった単純な話ではないのです。あなたの支出は個人的なものであり、あなた特有のものです。どんなに懸命に説得を試みたところで、具体的に何をすべきかあなたに指導できる本など世の中にはないのです。自分自身のやり方を見つけるには、時間をかけて試行錯誤するしかありません。一度支出をやめたものでもすぐに恋しく感じたのであれば、節約リストから外しましょう！

例えば、次のような項目がこのカテゴリーに入ります。

・仕事中のランチを外で買う

・外食
・友人と外で遊ぶ
・ジムの会員

ステップ3：所有している高額なものを減らす

このステップでは、あなたが所有している高額なものを精査します。具体的には、維持や保険の費用、ハイオクガソリンの給油などお金のかかるものです。想定外の費用をできるだけ減らす、もしくは削ることが目標です。

想定外の費用負担につながる2つの代表的なものは自動車と家です。

まず、自動車について少しお話ししましょう。私のブログの読者はメールで、どんなに懸命にお金を貯めようとしても、不運が立て続けに起きてなかなか思うように貯まらないと相談してくることが多いです。深く掘り下げてみると、自動車への過度な依存がその不運の元凶だったりします。車は運転した途端に価値が下がるだけではなく、金食い虫でもあります。ラジエーターが1つ壊れただけで、倹約して貯めた数カ月分の貯蓄が一気に吹っ飛ぶのです。

こうしたことを話すと、車は手放さなければならないと誤って解釈されることがありますが、そういうわけではありません。自動車の想定外の費用の大半は、所有自体ではなく走った距離に左右されます。運転する距離を減らすと、ガソリン代や維持費が下がります。毎日運転しなければ、自動車保険の保険料も下がります。例えば、オフィスまで自転車で行く、公共交通機関を利用するなど、車を利用する頻度を減らせば、想定外の費用を減らしながら車を所有し続けることができます。おまけに、環境やお腹まわりにも優しいです。

家はこのカテゴリーで2つ目の大きな項目です。ただ、住居はあまりに大きなトピックであるため、第7章をまるまるその説明に充てる予定です。簡単に言うと、家は価値が上がる傾向にあるため、家の所有に付随する想定外の費用は正当化できると一般的には考えられています。賃貸はお金をドブに捨てているようなものだが、持ち家にかかる費用は必ず価値の上昇によって相殺できるというのです。次の章では、その神話の嘘を暴いてみせます。

ステップ4：ご褒美を加える

このステップにくるころには、あなたは自分の支出をしっかりと見直し、痛みなしで削られる支出をあぶり出しているはずです。一方、それなしでは生きていけない支出も再確認し、いままでは節約リストから外していることと思います。そして最後に、自分が所有している最も高額なもの（主に自動車）を見つめ直し、それに対する依存度を減らすか、完全に手放しているはずです。

次のステップでは、少し楽しみましょう！ これまで削ってきた支出の金額を足し合わせた上で、その一部を自分へのご褒美にまわすのです。何に使うかをあらかじめ決める必要はありません（自然な成り行きで決められるよう、むしろあらかじめ決めない方がいいと思います）。何でもやりたいことをするための「楽しむお金」です。私にとってはそれが旅行でしたが、何でもかまいません。

コンサートに行きたい？　行ってください！　スクーバダイビングに行きたい？　もちろん！　週末にラスベガスで羽目を外したい？　あなたの大切な人からの許可は必要ですが、ダメな理由などありません！　幸福が持続するように、モノの所有ではなく経験に使うことを私は推奨しますが、あなた自身が決めてください。節約した金額を下まわる支出で済めば、あなたはより幸福な生活をしつつ、見事に貯蓄残高を増やすことになるのです！

脳を理解し、予算を理解する

予算を立てることは、誰もが考えるような魂をすり減らすつらい作業である必要はありません。単に支出を切り詰めるだけではないのです。あなたは人間の脳について２つの真理を理解する必要があります。

・支出で満足感を得るかどうかは脳が決める
・人間の脳は千差万別だ

自分にとって最適なお金の使い方を見つけるプロセスは人それぞれです。私のお金の使い方はあなたではうまくいきません。その逆も然りです。ただ、ドーパミンと幸福感、支出の相互作用を理解した上で本章のステップに従えば、「多くのモノを所有しすぎており、基礎的な支出が高く、想定外の費用もあるため永続的に不幸な典型的消費者の予算」から「基礎的な支出が低く、想定外の費用もなく、幸福感をもたらす自分へのご褒美が多い予算」に変わります。

このプロセスを通して、あなたはお金を最も効率良くドーパミンに変換できる方法を見つけられるはずです。それはあなたのやり方であり、あなただけのやり方です。もしあなたが私と同じなら、大きな解放感を味わい、より幸福で健康になり、以前なら不可能だと思っていた金額のお金を貯められるでしょう。

次章ではやや意見が分かれるテーマを扱います。なぜ持ち家が最悪なのか、その理由についてお話ししましょう。

第6章の要点

▼お金を使うことに中毒性があるのは、脳が期待値をリセットしてしまうため、同じ支出を繰り返しても同量のドーパミンを得られないからです。

▼支出には3つの異なる種類があります。

・基礎的な支出：家賃や光熱費など当たり前に思っている日々の費用です。こうした支出はあなたの幸福感に影響を与えません。
・ご褒美：あなたの幸福感を増してくれる、たまにある支出です。
・想定外の費用：問題が生じたときに対処するための費用で、あなたの幸福感を低下させる要因です。

▼お金の使い方は千差万別です。自分で試行錯誤して、どの支出を削ると痛みを感じるのか、どの支出だと感じないのかを見極める必要があります。

▼あなたに合ったお金の使い方を見つけるには、
・ステップ１：あなたを幸せにしない基礎的な支出を削る。
・ステップ２：削ると最初は痛みを伴うが、次第に慣れていく基礎的な支出を削る。
・ステップ３：維持費のかかる所有物を減らし、想定外の費用を可能な限り削る。
・ステップ４：自分へのご褒美のための支出を加える。

第7章 マイホームは投資ではない

私は人生で、何度か本当に恐ろしい経験をしたことがあります。幼稚園の先生はその1つです。銃を所持している疑いのある生徒と高校の校舎の中に閉じ込められた経験もそうです。ただ、家を買おうと物件巡りをした経験に比べれば、そんなものは大したことありません。

倹約して育ってきた私が10分程度オープンハウスを見学しただけで、いきなり数十万ドル使うよう求められるのです。まだ働き始めて間もなかったため、そんな大金は想像すらできませんでした。また、本当に私が不快に感じたのは、そんなに良い物件には見えなかったということです。私はある不動産業者の方に「翌年に屋根の修理が必要になれば、いくらぐらいかかりますか？」と尋ねました。

「たぶん、1万ドルくらいですかね。もしかしたらそれ以上もあり得ます」

「保証か何かでカバーされるんですか?」

彼は笑いました。「いやいや……、そういうものではないんですよ」

一番驚かされたのは、誰もがそんな愚かな条件をのんでいることです。1年間の保証なしでは携帯電話を買わない友人や同僚でさえも、その物件が粘着テープでくっついているわけではないという保証もないのに、30年ローンに嬉々としてサインしていました。

私の両親でさえも彼らの輪に加わっています。「そんなにえり好みばかりしちゃダメよ」。そう言って母は、あるチラシをテーブルの上で滑らせてきました。「これがお父さんと私があんたのために見つけてきた物件」。家の鍵をつけ替えるのに30ドルかかったという理由で私を叩いていた母が、1軒の家に80万ドルも使うよう勧めてくるのです!

私の不安が頂点に達したのは、ある家の顛末を見たときです。それは近所にある家で、私は「恐怖の家」と呼んでいます。何者かが所有しているように見えました。表には政府の秘密の無人偵察機について書かれた看板が立てかけられ、窓には赤いペンキ(少なくとも私はペンキであってほしいと願っています)で「UFO」と殴り書きされています。ある日、その物件の周囲に深さ6フィート[1・8メートル]の穴がいくつも掘られていることに気づきました。この家は今夜、ニュースで取り上げられるに違いない! 私たちは足早にその家の前を横切りながら、そう思いました。

それからすぐに、前庭に「For Sale（売り出し中）」の看板が立てられたのです。私はブライスに「いったい誰があんな物件を買うの？」と訊きました。「床板の下にはたぶん、死体が埋まってるはずよ！」。手入れはなされておらず、壁や屋根が剥がれ落ちていたことは言うまでもありません。

数日後、看板には「Sold（売却済）」というステッカーが貼られていました。50万ドルで売られたようです。

いままで見たこともないほどバカげたことが起きたと思いました。ところが話はそれだけでは終わりません。さらにおかしな展開になっていきます。買い手はいわゆる不動産の転売業者でした。数週間のうちに集団でやってきて適当なリノベーションを行い、表面的には見栄えの良い物件に仕立て上げ、再び不動産市場に放り出したのです。

数日後、再び「Sold」の文字が躍りました。今度は80万ドルです。

私の堪忍袋の緒は切れました。不動産はただ高額なだけではなく、詐欺だったのです。

なぜ家は最悪の投資なのか

家には人の正気を失わせる何かがあります。私の両親のような合理的な人でさえ、見境なく借金する人に変わるのです。ただ、私は彼らを責めません。結局、不動産のマーケティングが非常に巧みなのです。

賃貸はお金をドブに捨てるようなものだ。

持ち家は自分への投資だ。

男にとって家は自分の城だ。

これ以上、宅地は造成されない。

住宅価格は必ず上がる！

私たちは漏れなくこうした宣伝文句を耳にしたことがあると思います。一見もっともに聞こえるため、家を持つことが成人への通過儀礼だと思ってしまうのです。ただ、恐怖の家の事件を見てから不動産についていろいろ調べてみると、ある衝撃的な数字がはじき出されました。家を持つ（買うだけではありません）と、信じられないほどお金がかかるのです（私の計算は米国の数字に基いたものですが、北の国境を越えたカナダでもほぼ同じような数字になります）。

心の準備はよろしいでしょうか？　ではいきます。

米国勢調査局によると、米国の家族は平均しておよそ9年間、同じ家に住み続けます。また、彼らは自分たちの純資産の大半を不動産の形で保有します。不動産は必ず価値が上がる、優れた投資だと思っているのです。

その9年間に平均的な米国の家族に何が起きるのか、見ていきましょう。

歴史的に見ると、住宅はインフレ率と同じペースで価格が上がっていく傾向にありますが、この例えでは高い下駄を履かせて、株式市場と同じペース、つまり年間6パーセント上昇すると仮定しましょう。その場合、50万ドルで買った住宅は9年間で84万4739ドルに上がります。合計で34万4739ドルもの利益です。その家族が家を売るころには大きな儲けが期待でき、みんな大喜びです！　素敵な話ですよね？

ところがそうでもないのです。問題は、家を所有するには物件の購入価格以上の出費が伴うということです。家を買ったり、売ったり、ローンを借りたり、査定してもらったり、保険をかけたり、毎年維持するのにお金がかかります。頭では理解しているものの、頭金を調べているときには念頭にありません。私もいくらで売れるかばかりで頭がいっぱいで、そうした費用を計算に入れていませんでした。

ところが、そうした費用はものすごい金額だということがわかりました。第一に、家を買う際に手数料がかかります。買い手は登記所で、その不動産の権原調査をしなければなりません。平均およそ100ドルかかります。さらに不動産を登記するのに150ドルの手数料がかかります。州によっては弁護士にお金を払って代行してもらわなければならず、およそ1000ドルかかります。これだけで計1250ドルです。まだ大した金額ではないとお思いでしょう？　『ジュラシック・パーク』のサミュエル・L・ジャクソンの不朽のセリフを使えば、「Hold on to your butts（驚くのはこれからだ）」。家には保険をかける必要もあります。

保険料は都市や州によって異なりますが、平均費用は住宅価格のおよそ0・5パーセントです。毎年払えば、9年間で50万ドル×0・5％×9＝2万2500ドル。固定資産税も払わなければなりません。米国全土の平均税率はおよそ1パーセントです。50万ドル×1％×9＝4万5000ドル。

どんどん増えていませんか？　さらに維持費までかかります。屋根は崩れ落ち、排水管は破裂し、南北戦争の兵士たちの亡霊が地下室に住みつきます。不動産業者はあなたの住宅価値の1～3パーセントを維持費として用意しておくよう勧めます。控えめに見積もっても、50万ドル×1％×9＝4万5000ドルです。

9年が経つころには、この平均的な米国の家族は家を売りたくなります。売却にもお金がかかります。まず、仲介手数料を払わなければなりません。通常の手数料は6パーセントです。購入価格ではなく、最終的な売却価格に基いて計算されます。84万4739ドルの6パーセントで5万684ドルです。市役所に納める土地譲渡税も忘れてはなりません。都市によって、ほぼゼロ（コロラド州では0・01パーセント）から高めの税率（ピッツバーグでは4パーセント）まで幅があります。国全体の平均はおよそ1・2パーセントです。84万4739ドルの1・2パーセントは1万137ドルとなります。

さらに、弁護士費用の1000ドルを売るときにも払わなければなりません。

数字が多すぎて頭が混乱しているのは、あなただけではありません。105ページの表にそれらの費用をまとめています。

この家族は家を所有するためだけになんと、総額で17万5571ドルもの費用がかかったのです。期待している34万4739ドルのキャピタルゲインは、その51パーセントがこうした費用にもっていかれるのです！

不動産の価格上昇に伴うキャピタルゲインのうち、あなたの手元に残るのはたったの49パーセントです。

もしかしたらあなたはこう思っているのかもしれません。そんなに悪くないな。それでも6桁［10万ドル以上］の利益じゃないか。忘れてもらっては困るのですが、この分析では家族がキャッシュで家を買ったと想定しています。ご存じのように、そんなことをする人は誰もいません。住宅ローンとしてお金を借りるのです。では、その費用を追加してみましょう。初めての家を買う際の頭金は通常、10パーセントです。残りの差額を埋めるために、その家族は地元の銀行に行って住宅ローンを借ります。2018年時点では、住宅ローンの利息は控除の対象とはなりません。2017年税制改革法で標準控除が引き上げられ、60万ドル未満の住宅ローンでは控除が受けられなくなったからです。

9年後には、この典型的な家族は銀行に利息を16万2033ドルも払っていることになるでしょう！　これは二度と取り戻せないお金です。

それでは、その利息分を費用に加えましょう。

この典型的な家族は自分たちの家を買う喜びのために、33万7604ドルもの代償を払うこ

住宅にかかるコスト

権原調査	100ドル
登記費用	150ドル
弁護士費用	1,000ドル×2=2,000ドル
保険	500,000ドル×0.5%×9=22,500ドル
維持費	500,000ドル×1%×9=45,000ドル
固定資産税	500,000ドル×1%×9=45,000ドル
仲介手数料	844,739ドル×6%=50,684ドル
土地譲渡税	844,739ドル×1.2%=10,137ドル
総額	175,571ドル

とになります！　想定されるキャピタルゲインの98パーセントもの金額です！

手元に残るのはほんの少し、たったの２パーセントです。

忘れてはならないのは、この計算が不動産価格が株式市場と同じ６パーセントの率で上昇するという非常に楽観的な想定に基いているということです。住宅価格の上昇がもっと緩やかであれば、この家族は資金を減らすことになるのです。だからこそ純資産のほとんどを不動産の形で保有する典型的な家族は、決してお金を貯められないのです。不動産価値の上昇を見て資産が増えていると思い込んでいますが、利益の大半がなくなるほど追加費用が積み上がっていることに気づいていないのです。

家は優れた投資になり得ますが、それは不動産業者、政府、保険会社、銀行にとっての話にすぎません。持ち主を除いた全員にとっての話なのです。

持ち主にとっては、家は最悪の投資資産です。

ここではっきりさせておきますが、私はプライマリー・レジデンス（主な居住用の不動産）についてお話ししています。つまり、あなたが買って実際に住む家のことです。誰かに賃貸する目的で買えば、住居は優れた投資資産になり得ます。ただ、賃貸用不動産はまた別のトピックであり、本書の範疇を超えているため、ここでは深入りしないことにします。このトピックに関する本は巷にあふれています。もし興味があるのであれば1冊手に取ってみてください。

「150の法則」を使って持ち家か賃貸かを決める

ここで自ずと、次のような疑問が湧いてきます。家を借りるのではなく買うことは果たして割に合う行為なのでしょうか？

これまでの計算を見る限り、その答えはノーのように思えるかもしれませんが、誰もが住む場所は必要です（もちろん、住宅ローンだと月1ドルなのに家賃だと100万ドルかかるような極端なケースでは、どんなに追加費用がかかったところで家を買った方が割に合うでしょう）。賃貸よりも持ち家の方が有利になる分岐点はどこにあるのでしょうか？

不動産業者であれば、毎月の住宅ローンの返済額が家賃に等しい場合、大家にお金を払うよ

住宅にかかるコストの内訳

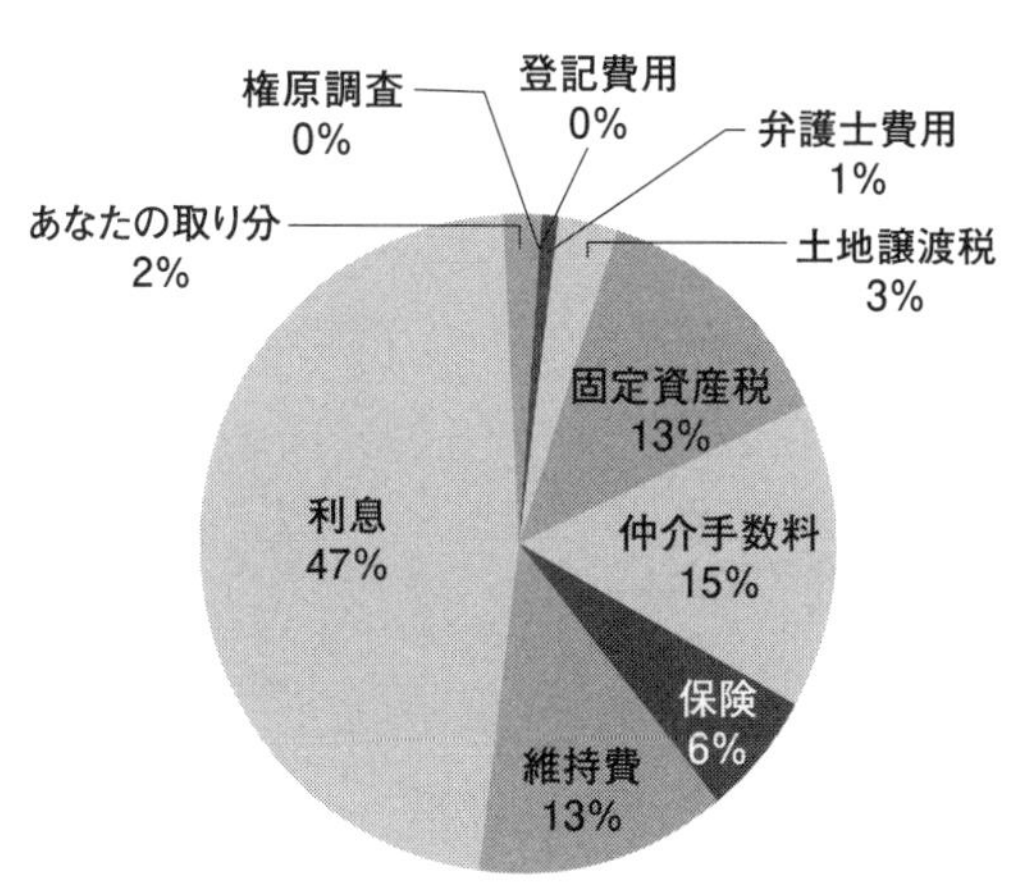

りは家を買って自分自身にお金を払った方がいいと言うでしょう。ところが、このロジックは私がこれまで説明してきた持ち家に伴う追加費用を都合良く無視しています。９年という期間で見ると、平均的な米国の家族にとって不動産の売買や所有、保険にかかる費用は通常の住宅ローンの利息に等しいことを私たちはすでに知っています。

また、標準的な30年ローンの場合、最初の９年間は返済額のおよそ5割が利息の支払いにまわることも知っています。家を買うことが割に合う分岐点を解明するためには、利息の支払いに持ち家に伴う追加費用を加算した上で、その金額を家賃と比較しなければなりません。

ここから１５０の法則が生まれました。持ち家に伴う追加費用は9年という期間では住宅ローンの利息にほぼ等しく、利息はその期間の住宅ローンの返済額のおよそ5割を占めるため、毎月の住宅ローンの返済額に150パーセントをかけることになります。これがあらゆる支出を勘案した、持ち家に伴う毎月の実際の費用です。もしその150の法則を使ってはじき出した毎月の費用が家賃を上まわれば、賃貸の方が割に合うということになります。もし下まわれば、家を買う方が割に合うということになります。この話の教訓は、絶対に家を買ってはいけないということではありません。

家を買う前に、「しっかりと計算しよう」ということなのです。

私たちが家を探しているとき、150の法則ではじき出された数字は家賃として払っている金額（ワンベッドルームのマンションで月850ドル）を大きく上まわりました。「しっかりと計算した」上で、私は住宅市場に見切りをつけ、資金を貯めておくことにしたのです。

お金持ちは自分たちのお金をどうしているのか？

計算の理屈はわかりましたが、そうなると想定外の厄介な問題が新たに浮上します。貯めたお金を（みんなのように）不動産にまわさないのであれば、いったいどこにまわせばいいのでしょうか？　アドバイスをくれる人はいなかったので、私はつかの間、途方に暮れましたが、お金持ちの人がお金をどうしているのか、自分で学ぶことにしました。

食費や家賃以外のお金の話になると、私にはすっかりお手上げです。私の両親にもわかりません。私は自分で答えを探さなければならなくなりました。お金の増やし方をよく知っている人とは、いったい誰でしょう？

お金持ちの人たちが知っていることを学ぶために、とにかく読書をすることにしました。私は図書館に何時間もこもり、手当たりしだいに本を手に取り、フォーブスやウォール・ストリート・ジャーナルに目を通しました。それから10年近くお金持ちの人々に魅了されることになりますが、ここがまさにその入り口でした。最終的には、自分がその仲間入りを果たすことになるのです。私が一番驚いたことは、世の中には相反する情報があふれているということです。家を買うことを支持している著者がいれば、賃貸を勧めている著者もいます。会社を立ち上げる人がいれば、株をやる人もいます。めまいがするほどの大量の情報を浴びせられ、それらをふるいにかけて富へ通ずる真の道を見つけ出すまでには何年もかかりました。

ただ最終的には、その道（数学的に再現可能な道）を見つけ出しました。本書の前半の3分の1では、私が貧困から学び取ったお金に関する教訓をお話ししてきましたが、ここからは私がお金持ちの人から学んだ教訓をお話しします。最初の教訓は、ベストセラーとなった『金持ち父さん　貧乏父さん』の著者であるロバート・キヨサキから学んだものです。その本の中で、彼は次のように主張しています（少し言葉を変えています）。

貧しい人はモノを買う。中産階級の人は家を買う。お金持ちは投資資産を買う。

お金持ちは投資資産を買う。ふむー……。私は中産階級のままでも十分に幸せですが、投資の仕方を学ぶのは決して悪いことではありません。そうですよね？　私は自分の銀行に電話をかけ、まさにその翌日に担当者と会う約束を取りつけました。

第7章の要点

▼住宅の所有にはお金がかかります。

▼持ち家には住宅ローン以外にも様々な追加費用が発生し、不動産価格の上昇に伴う利益の大半は相殺されます。

▼より正確な持ち家の費用をはじき出すには、150の法則を適用しましょう。

・毎月の住宅ローンの返済額に150パーセントをかけます。

・150の法則を使ってはじき出された費用が家賃を上まわれば、賃貸で済ませましょう。家賃を下まわれば、家を買いましょう。必ず買う前に「しっかりと計算する」ことが大切です。

▼貧しい人はモノを買います。中産階級は家を買います。お金持ちは投資資産を買います。

第8章 本物の銀行強盗

想像してみてください。あなたは地元の銀行のブースに座って、老後資金をどのように運用するのか販売員と相談しています。すると、武装した集団がその銀行に押し入ってきました。トレンチコートを着ており、集団のひとりは明らかにキアヌ・リーブスです。まさによくあるロサンゼルスの水曜日です。

「おい、お、俺にさ、財布を、渡すんだ！」。キアヌがスローモーションの側転でロビーをまわりながら、歯切れの悪い言葉で言ってきました。あなたも映画の1つや2つは見たことがあるでしょう。まさに銀行強盗が行われているのです。ただ、この話には思わぬどんでん返しがあります。銀行強盗の集団は、このシーンの中の本物の悪党ではないのです。

本物の悪党は、あなたの目の前に座っている気立てのいい販売員です。武装した集団がほしいのはあなたの財布だけです。金額としては60ドルくらいのもので、あとはクレジットカードやＩＤを交換するのに手間がかかるだけです。ところが銀行はあなたの貯蓄を狙っています。具体的には、毎年少しずつ、あなたが死ぬまでかすめ取ろうとしています。

本物の銀行強盗は、銀行で働いているのです。

More（もっと多く）の力

フルタイムの仕事を始めたばかりの若い人にとって一番大きなチャレンジは、「大人の責任を果たす」ことです。請求書を払い、住む場所を見つけ、料理をする、そういったことです。私にとっては、自分で稼いだお金を自分で管理するという大きな変化に慣れることでした。箱いっぱいのコーラです。頭が混乱してしまいました。

大学を卒業してすぐのころ、私のお金の管理の仕方はシンプルでした。収入が入ると当座預金口座に入れ、食べ物や家賃など必要なものにしぶしぶお金を使うだけでした。6カ月後、試用期間を経て契約社員からフルタイムの社員となり、会社が管理している退職金口座など、ぜいたくな制度について学びました。私の会社は企業年金を会社負担してくれることがわかったため、私はすぐに加入しました。そしてすぐに、そのお金をどのように運用するのか決めなければならないことに気づいたのです。そのような経緯があって、私は自分の銀行の担当者に相談することにしました。

彼が話してくれたことに、私は確信が持てませんでした。彼はその銀行が運用しているある投資信託を何度も勧めてきましたが、彼は次のような基本的な質問にすら答えられなかったのです。

「つまり、このファンドは株式に投資するわけですね？」

「その通りです」

「どの株に投資するのですか？」

「それはファンドマネジャーが決めます」

「そのファンドマネジャーはどうやって株を選んでいるんですか？」

「アルゴリズムを使っています」

「そのアルゴリズムを見せていただけますか？」

「残念ながらそれはできません。機密情報です」

「わかりました……」。私は背もたれに寄りかかり、頭の中では疑惑が空襲警報のサイレンのように鳴り響いていました。

「どうしてこのファンドマネジャーが自分のやっていることを理解しているとわかるんですか？」

「彼は投資信託を運用しているんです。非常に賢いに違いありません」

「それは答えになっていませんよ」

「ではどうすれば納得していただけるのですか？」

「その方にぜひお会いしたいです」

その販売員は嘲笑しました。「それはできかねます」

「でははっきり申し上げます」

私はジャケットを手に取りました。

「一度も会ったことのない、会うこともできない、詳しく説明してもらえない機密のアルゴリズムを使って株を選んでいる人を信用してお金を預けてほしいわけ……」

「聞いてください」

その販売員はまっすぐに立ち上がりました。今日は売り上げを期待できないことを正しく認識しているようです。

「それが問題だと言う人なんてほとんどいませんよ」

私は一度も振り返らず、歩いてオフィスを出ました。エンジニアで良かったことの1つは、お金に関していかなる決断をする前にも数字をダブルチェックする習慣が身についていたということです。私はどの金融商品の販売手数料が最も高いのかを熟知していました。販売員には無防備な顧客にそうした商品を売りつけるインセンティブがあります。その日、彼が私に売りつけようとしていた投資信託は全商品の中で販売手数料が最も割高でした。

それだけではなく、そのファンドは同じ銀行の複数のファンド（それぞれのファンドに別々のファンドマネジャーがいる）に投資するラップ型の投資信託だったのです。つまり、ラップ型ファンドを運用するファンドマネジャーも分け前にあずかった上、販売員にも販売手数料を払うことになるのです！　もし彼の言う通りにしていたら、この銀行の何人の人が私のお金に寄生することになったことでしょう？

「パーセンテージ」が「金額」より重要になるとき

同じころ、私は中低所得者と高所得者の考え方の最も大きな違いに気づきました。中低所得者は自分たちの富を足すことばかり考えています。教育を受ける、より高給の仕事に就くといったことです。一方、高所得者は自分たちの富を大きくすることを考えています。彼らはドルでいくら稼ぐかではなく、純資産のパーセンテージでいくら稼ぐのかについて話をするのです。

「私の時給はたった6ドルです！」と貧しい人は言います。

「去年の儲けはたった3パーセントだった」とお金持ちの人は嘆きます。

あなたが貧しいとき、パーセンテージには何の意味もありません。資産を持っていないと

き、**10パーセントの増加など無意味なのです。**結局、0ドルの10パーセントは0ドルです。投資家の大半はあなたや私と同じです。貯蓄を増やそうとしている労働者で、せいぜい数千ドルから始めます。1000ドルの1パーセントは年間たった10ドルです。誰も気にしません。パーセンテージポイントは価値がないのです。ところが、これらの投資信託を運用している人にとっては、1パーセントが大金なのです。

私がランダムに選んだ株式ファンドの運用手数料は1・7パーセントでした。つまり、あなたのお金を投じる株式や債券を選ぶ手数料として、投資額の1・7パーセントが取られるのです。個々の顧客にとっては1・7パーセントなど大した金額ではないですが、その無関心こそが銀行が顧客に望んでいるリアクションなのです。本書の執筆時点では、そのファンドの運用資産額は7億ドルでした。彼らにとっては、1・7パーセントが毎年およそ1200万ドルもの価値になるのです。この1200万ドルは、「1・7パーセントなんて誰が気にするんだ?」と言っている人たちから少しずつ集めたお金なのです。

パーセンテージは重要です。これは私がお金持ちから学んだ最初の教訓の1つでした。

具体的に何にお金を払っているのか?

私が投資について学び始めたとき、当初は株の個別銘柄を選ぶことこそが投資だと思っていました。アップルの株を10ドルのときに買い、足元で取引されているようなものすごく高い価格で売却するのです。ただ、それだと競馬場で競争馬に賭けるのと同じくらい気持ちが落ち着きません。私はギャンブルをしませんし、これからもするつもりはありません。

その悪習がいかに人々の人生を狂わせるのかをじかに見てきましたし、父もギャンブルは最もお金のかかる中毒だと教えてくれました。アルコールだと意識を失う前に飲める量はたかが知れていますが、ギャンブルだとそれまでの蓄えをすべて失いかねません。個別銘柄選びは私にはしっくりこないやり方でした。

そんなとき、私はインデックス投資を知りました。ベストセラーとなった『父が娘に伝える自由に生きるための30の投資の教え』の著者であり、JLCollinsNH.com の創設者であるJ L・コリンズから初めて学んだのです。その後、私は直接彼と会って感謝を述べる機会にも恵まれました。投資が割に合う行為だと思えたのは、彼のおかげだったのです。

私たちは毎日、起きて歯を磨き、仕事に向かいます。その労働（どんな労働でも）は会社に利益をもたらします。私が会社のためにしている仕事が、ほかの人が会社のためにしている仕事より価値を生み出しているのかどうかなど誰にもわかりません。わかっていることは利益を稼いでいるということです。**インデックス投資はどの会社の株価が上がるのか下がるのかという当て推量をやめて、株式市場全体の成長に賭けるのです。**

それなら、私にも支持できます。どんなレースでも、私はどの馬が勝つのか負けるのかなど見当もつきません。だから個々の馬には賭けたことがありません。ただ、そのカジノに賭けるかと問われれば、もちろん答えはイエスです。どの馬が勝とうが負けようが、カジノはお金を儲けられるからです。インデックス投資では、そのカジノに賭けることができるのです。

投資資金はゼロにはならない

みなさんにとって、投資に対する最も大きな不安は何でしょうか？　お金がすべてなくなることではないでしょうか？　少なくとも、私にとってはそうでした。私の資金を運用している男が倒産する株を選ぶことです。インデックス投資には、その問題がありません。指数にはすべての株が含まれているので、ゼロになることはあり得ないのです。個々の企業は倒産するかもしれませんが、すべての企業が同時に倒産しない限り、指数は決してゼロにはならないのです（そうなるのは、おそらく映画『インデペンデンス・デイ』のようにエイリアンが地球を侵略してきたときです。そんなときに誰が401kの残高など気にするでしょうか？）。

インデックス投資は、時価総額に準じて保有銘柄の割合が決まるというすばらしい特徴も備えています。つまり、もしある会社の価値が上がれば、指数におけるその会社の割合が高まるのです。その逆も然りです。株式市場全体の指数の算出方法としては最も直感的なアプローチであり、だからこそ株式市場を代表する500社で構成されるS&P500など、メジャーな指数の多くはそのやり方で算出されているのです。

ある会社がクールな新スマートフォンを発売すれば、その株価は急騰し、指数は自動的にその銘柄の割合を引き上げます。もしほかの会社が市場に参入し、両社の株価が急落すれば、それらの銘柄の割合は下げられます。S&P500においては、ある会社の価値が500番から501番に転落すれば、その会社は指数から外されてしまうのです。

JL・コリンズはこれを「自浄」メカニズムと表現しました。まさにその通りです。指数を保有するということは、最も大きくて最も健全な会社だけを保有し、悪い会社の株は価値がゼロになる前にポートフォリオから確実に排除できるということです（この算出方法を採用していないメジャーな米国の株価指数はダウ平均だけです。同指数は時価総額ではなく株価でウェイトづけがなされています）。

⑪インデックス投資は手数料が安い

アクティブ投信を評価する上で最も大きなフラストレーションの1つは、個別銘柄の選別方法を説明してくれないことです。「機密のアルゴリズム」や「ハイアルファとローベータ」といった専門用語をやたらと使いたがりますが、ファンドマネジャーは結局、何も教えてくれません。もし手のうちを見せれば、彼らが職を失うからです。

インデックス投資の魅力はそのシンプルさにあります。おそらく、あなたでさえインデックスファンドを運用できます。株式市場のすべての会社をスプレッドシート上で時価総額の順に並べ、上位500社を選びます。ただそれだけです。インデックスファンドのできあがりです。あまりにシンプルなため、あなたがお金を払うファンドマネジャーもいません。

米国では、アクティブ投信は年間1パーセント以上の経費率手数料を取ります。カナダではもっと高額で、典型的な投資信託の手数料はおよそ2パーセントです。ところが米国株式市場と連動する典型的なインデックスファンド（NYSE：VTI）の手数料はたったの0・04パーセントです！　アクティブ投信の手数料の25分の1です。

運用手数料の姑息な部分は、年末にきちんと請求書を受け取らないことです。もし請求書が送られてくれば、「待てよ、1000ドルも払わなくちゃいけないのか？　何のためにだ⁉」とあなたは言うでしょう。それから銀行に怒りの電話をかけるはずです。

ところが運用手数料は、あなたの資産から毎月こっそりと引かれているのです。決して請求書を受け取ることはなく、明細書にも記入されていません。手数料は織り込まれているのです。毎月少しずつあなたのポケットからお金を盗み、あなたが気づかないことを狙っています。実際、運用してもらっているファンドと指数を比較しない限り、手数料の影響をその目で見ることはできません。

次ページの上のグラフがS&P500の2013〜18年まで5年間の価格の推移です。

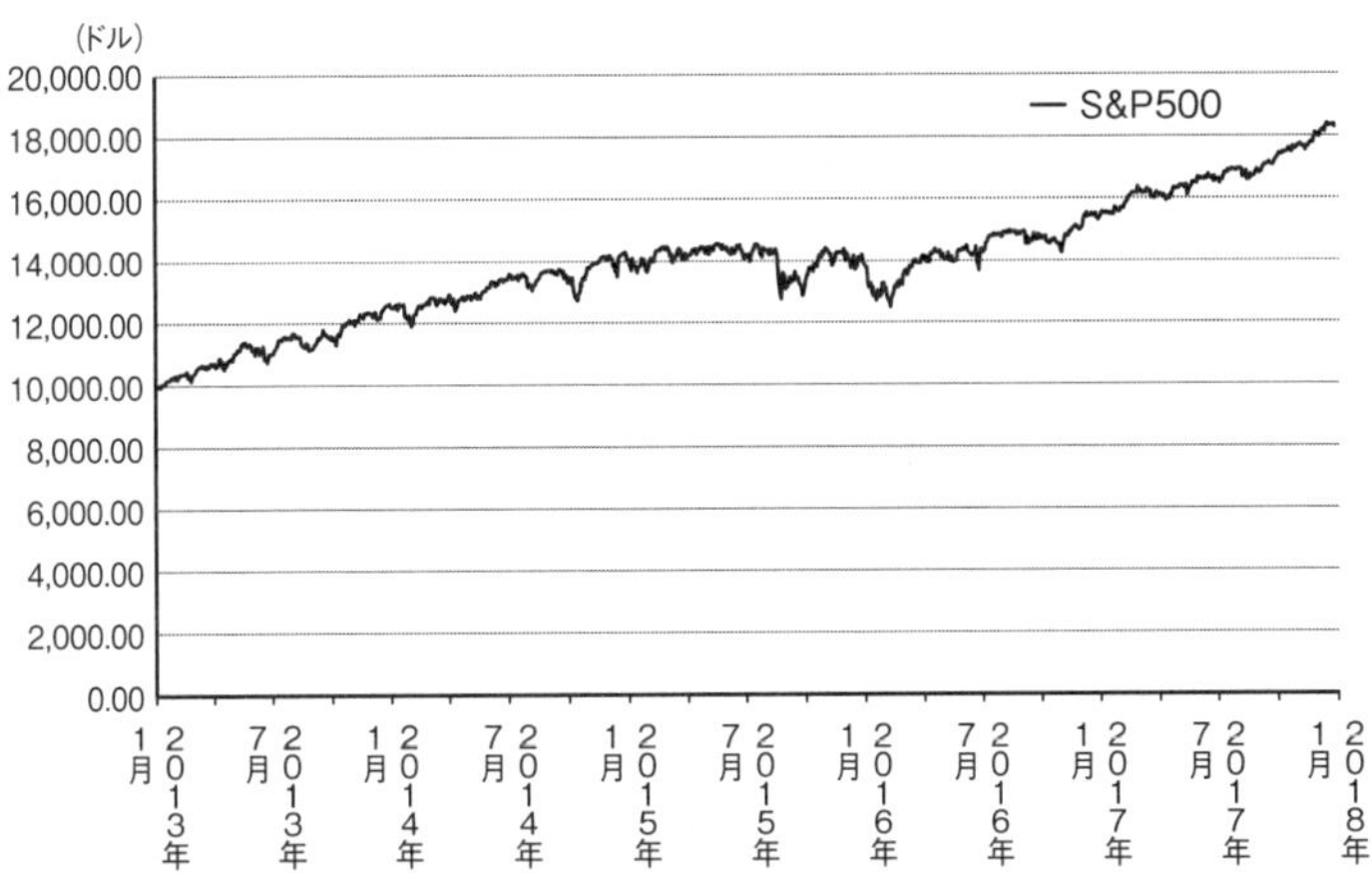
S&P500のパフォーマンス（2013年～2018年）
（ドル）
20,000.00
18,000.00
16,000.00
14,000.00
12,000.00
10,000.00
8,000.00
6,000.00
4,000.00
2,000.00
0.00
— S&P500
1月 2013年
7月 2013年
1月 2014年
7月 2014年
1月 2015年
7月 2015年
1月 2016年
7月 2016年
1月 2017年
7月 2017年
1月 2018年

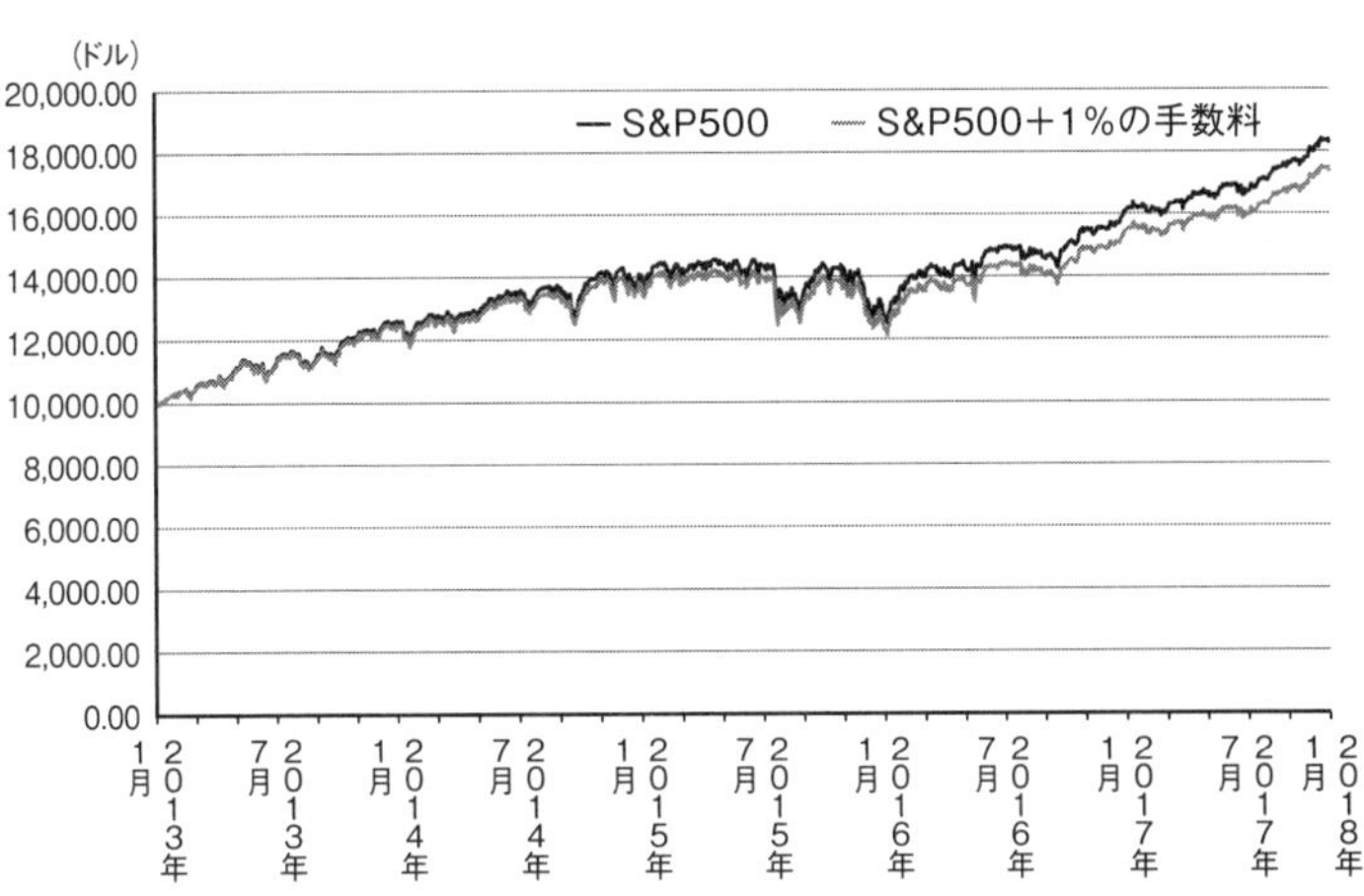
S&P500と1％の手数料を乗せたときのパフォーマンス比較（2013年～2018年）
（ドル）
20,000.00
18,000.00
16,000.00
14,000.00
12,000.00
10,000.00
8,000.00
6,000.00
4,000.00
2,000.00
0.00
— S&P500
S&P500＋1％の手数料
1月 2013年
7月 2013年
1月 2014年
7月 2014年
1月 2015年
7月 2015年
1月 2016年
7月 2016年
1月 2017年
7月 2017年
1月 2018年

S&P500と1%の手数料を乗せたときのパフォーマンス比較（1993年～2018年）

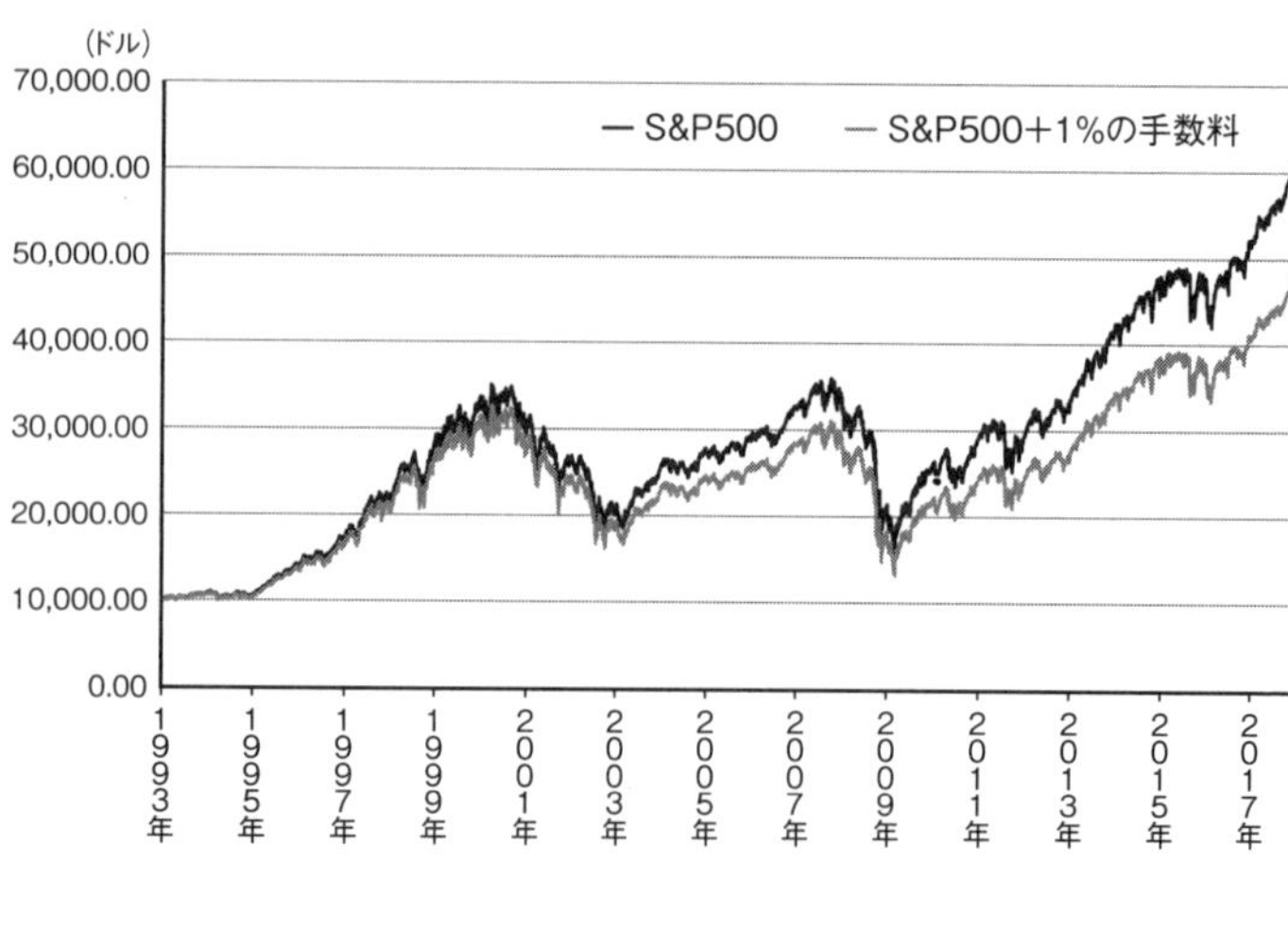

では次に、1パーセントの運用手数料を加えてみるとどうなるか見てみましょう。

5年後には、その1パーセントが非常に大きな違いを生みます。2013年初頭に1万ドルを投資した場合、900ドル、つまり初期投資額のおよそ10パーセントを失うことになるのです！　それだけあれば、コーラが何缶買えるのか想像してみてください！　年月が経つにつれて、マイナスの影響はさらに大きくなります。現時点では1パーセントなど大したことないように思えるかもしれませんが、25年という標準的なリタイアまでの期間を考えると、雪だるま式に影響が拡大していきます。

1万ドルを25年間投資する場合、1万3500ドルもの違いが生じます！　もはやコーラで表現できる金額ではありません。初期投資額を上まわる金額なのです！

インデックス投資は大半のアクティブファンドを上まわる

そして、これが極めつけとなる最も癪に障る事実です。高額な手数料を請求しているにもかかわらず、アクティブファンドのパフォーマンスは決して良くないのです。もしあなたが数千ドルを払って家にペンキを塗ってもらえば、きちんとペンキを塗ってもらえると思うでしょう。もしあなたが数千ドルを払って車を修理してもらえば、きちんと修理されると思うでしょう。

ところがファンドマネジャーにお金を払っても、彼らがあなたを儲けさせてくれるとは限りません。ファンドの成績がプラスであろうがマイナスであろうが、彼らはお金をもらえるのです。

少し考えてみてください。もしあなたの仕事が椅子をつくることで、初日にうっかり火をつけて椅子を何脚か燃やしてしまったとしましょう。あなたは製品の数を増やすどころか減らすことになります。あなたは給与をもらうに値しますか？　おそらく値しないでしょう。仕事を続けるに値しますか？　おそらく値しないでしょう。ところが多くのファンドマネジャーの場合、良い仕事をしようが悪い仕事をしようがお金をもらえるのです。それも、あなたの貯めたお金からです。

そして、そんな手数料を払った結果、あなたにはどんな価値がもたらされるのでしょう？実は大した価値ではないのです。株式市場を出し抜こうとしているアクティブファンドマネジャー全員を調査すれば、およそ半数は指数をアウトパフォームし、残りの半数がアンダーパフォームするとお思いかもしれません。ところが、実際はそうはなりません。理由は、運用手数料のせいです。アクティブファンドマネジャーはタダ働きしているわけではないのです。彼らは自分たちがもらう手数料分を埋め合わせるために、指数を1～2ポイント、アウトパフォームしなければなりません。

手数料を差し引いて、どれくらいのアクティブファンドマネジャーが指数をアウトパフォームしているのか知りたいですか？

15パーセントです。

そうです。手数料を差し引くと、たったの15パーセントのファンドマネジャーしかベンチマークの指数をアウトパフォームしていないのです。どのファンドマネジャーがその15パーセントに入るのかを知る術はないため、指数をアウトパフォームするアクティブ投信を前もって選ぶことはできません。特に、ファンドマネジャーがあなたに会ってすらくれなければ。

この事実を知って、私はやるべきことがシンプルであることに気づきました。インデックス投資をすれば、85パーセントのアクティブファンドをアウトパフォームしてくれるのです。

ウォール街からお金を奪う方法

もし、バンカーが冷や汗をかく姿を見たいのであれば、これを試してみてください。銀行に行って販売員を呼んでもらい、あなたの預金をインデックスファンドに投資するようお願いするのです。最高に面白いリアクションを見られるはずです。

なぜ、インデックスファンドがアクティブファンドをアウトパフォームするのか理論武装をした上で、私はそれを実行しました。きちんと宿題は済ませています。論文や研究を知り尽くし、統計も熟知しています。インデックスファンドを売ることで販売員が受け取る販売手数料も調べました。ゼロです。すばらしい見世物を私は期待していました。

すると、期待通りの慌てふためきようでした。その販売員は私がいかに大きな過ちを犯しているのか、次々と話をでっちあげてきました。私は彼の過ちを証明するために、次々とグラフを机に叩きつけるのです。最終的に、彼は完全なる嘘に頼ってきました。この口座ではそのタイプの資産は買えないとハッタリをかましたのです。私が彼の上司に話をさせてほしいとお願いすると、彼はついに折れました。私は口座を開設してもらい、無事インデックスファンドに投資できたのです。

つまり、こういうことです。ウォール街はインデックスファンドが嫌いなのです。あのまぶしいガラス張りの高層ビルの中は、株式トレーダーであふれています。数千人のアナリストが長時間働き、すべての上場企業のプレスリリースや決算資料を隅々まで熟読しているのです。そしてそれらの情報をまとめて、参考資料としてトレーダーに渡します。その情報に基いて、トレーダーは売買の注文をするのです。ある企業の株価がその本質的価値を下まわっているという情報であれば、トレーダーは買いを入れます。株価が本質的価値を上まわっているという情報であれば、トレーダーは売りを入れます。

もちろんこれは複雑なシステムを過度に単純化した説明ですが、ウォール街の仕事とは突き詰めれば、企業の株式の価値がいくらなのかを見極め、株価との乖離を見つけてお金を稼ぐことです。こうした彼らの仕事の結果が、個別銘柄の株価や株式市場全体の日々の動きとなって現れているのです。そのため時間が経てば、株価にはその企業の本質的価値が反映されるようになります。

ただ、誰かがこうした仕事の対価を払わなければなりません。そこでアクティブ投信の出番です。運用資産額の一定のパーセンテージを手数料として請求するような形にし、投資家に1〜2パーセントなど大した金額ではないと錯覚させることで、トレーダーの読みが正しかろうが間違っていようが、ウォール街のファンドマネジャーはお金を稼げるのです。良い仕事をしているかどうかは関係なく、ファンドマネジャーとその取り巻きのスタッフは（あなたのお金で）給与がもらえるわけです。

インデックス投資は違います。株式市場全体に賭けることで、トレーダーが個別銘柄を調べて価格をつけようとする努力にうまく便乗できるのです。ファンドマネジャーなどいないため、彼らや彼らを取り巻く多くのスタッフに手数料を払う必要はありません。インデックス投資を利用することで、ウォール街からお金を取り戻せるのです。

私はその日、妙な満足感を胸に抱いて銀行を後にしました。販売員のオフィスで椅子に座ったとき、彼は私をだます気満々でした。彼が強盗でした。ところが銀行を後にするときには、私が強盗になっていたのです。

第 8 章の要点

▼**インデックス投資は勝つ銘柄を選ぶのではなく、すべての銘柄に同時に投資することができます。**

・指数はゼロにはなりません。
・インデックスファンドは手数料が安いです。
・インデックスファンドは手数料を差し引けば、85パーセントのアクティブ投信をアウトパフォームします。

第9章 株式市場の暴落をいかに乗り切るか

すでに私の人生については多くのことを語ってきました。すべて私ひとりで学んだように聞こえたかもしれませんが、実際は常に隣に夫のブライスがいました。私たちの出会いは大学で、実習のパートナーでした。

以降、お金の管理と大人としての責任という巨大で恐ろしい世界をともに手を携えて切り抜けてきました。ここで私が彼についてお話ししているのは、私が具体的に何に投資するのかを決める際、ブライスが一度どころか二度も私を救ってくれたからです。

インデックス投資こそが我が道であることはわかりましたが、正しいファンドを選んでポートフォリオをデザインするのはまた別の作業です。レンガの山から最良のレンガを選んだ後には、そのレンジを使って実際に家を建てなければなりません。すべての資金を1つの指数に投じるべきでしょうか？　トロント証券取引所やMSCI EAFEなどのグローバル指数にも分散すべきでしょうか？　債券は？　現金しか入っていない私たちの口座が毎晩、私たちのことをじっと見ていました。何も決められず戸惑いながら、私も口座を見つめ返します。

当時、ブライスはトロント大学で工学修士号を取得しようとしており、経済学の授業も一緒に履修していました。ほとんどの内容は無味乾燥で、サプライチェーン・マネジメントに従事しない限り役には立ちませんでしたが、ある論文が彼の目にとまりました。1950年代に経済学者のハリー・マーコウィッツが考案した現代ポートフォリオ理論についての論文でした。彼は後にその功績でノーベル賞を受賞します。

現代ポートフォリオ理論とは？

現代ポートフォリオ理論では、資産は2つの指標で表されます。期待リターンとボラティリティです。期待リターンとは、ある資産の期待年率リターンのことで、パーセンテージで表されます。ボラティリティとは、その資産の日々の変動率のことで、標準偏差で表されます。標準偏差が高いほど、その資産の変動性が高いということです。

2つの資産を見てみましょう。株式（S&P500とします）と債券です。これら2つの資産をリスク／リターンを変数としてグラフ上にプロットすると、次ページの上のグラフのようになります。

縦軸が期待リターンで、横軸が標準偏差です。S&P500が位置する右上の部分は高いリターンと高いボラティリティを示しています。債券が位置する左下の部分は低いリターンと低いボラティリティを示しています。

それでは、これら2つの資産の日々の価格推移を次ページの下のグラフで見てみましょう。黒い線がS&P500、明るい線が債券の指数を表しています。グラフを見ると、2つの点にすぐに気づきます。第1に、長期的にはS&P500のリターンが債券を圧倒するということです。株式の高い期待リターンを表しています。第2に、S&P500の方が債券の指数よりもかなり変動が激しいということです。株式の高いボラティリティ、つまり標準偏差を表しています。

それでは、これら2つの資産を合わせたポートフォリオをつくるとどうなるのか見てみましょう。まず株式100／債券0のポートフォリオから始め、株式0／債券100まで少しずつ割合を変化させていきます。

132ページの上のグラフは、現代ポートフォリオ理論において効率的フロンティアと呼ばれる曲線です。これらのポートフォリオを価格のグラフに移し替えると、132ページの下のグラフのようになります。

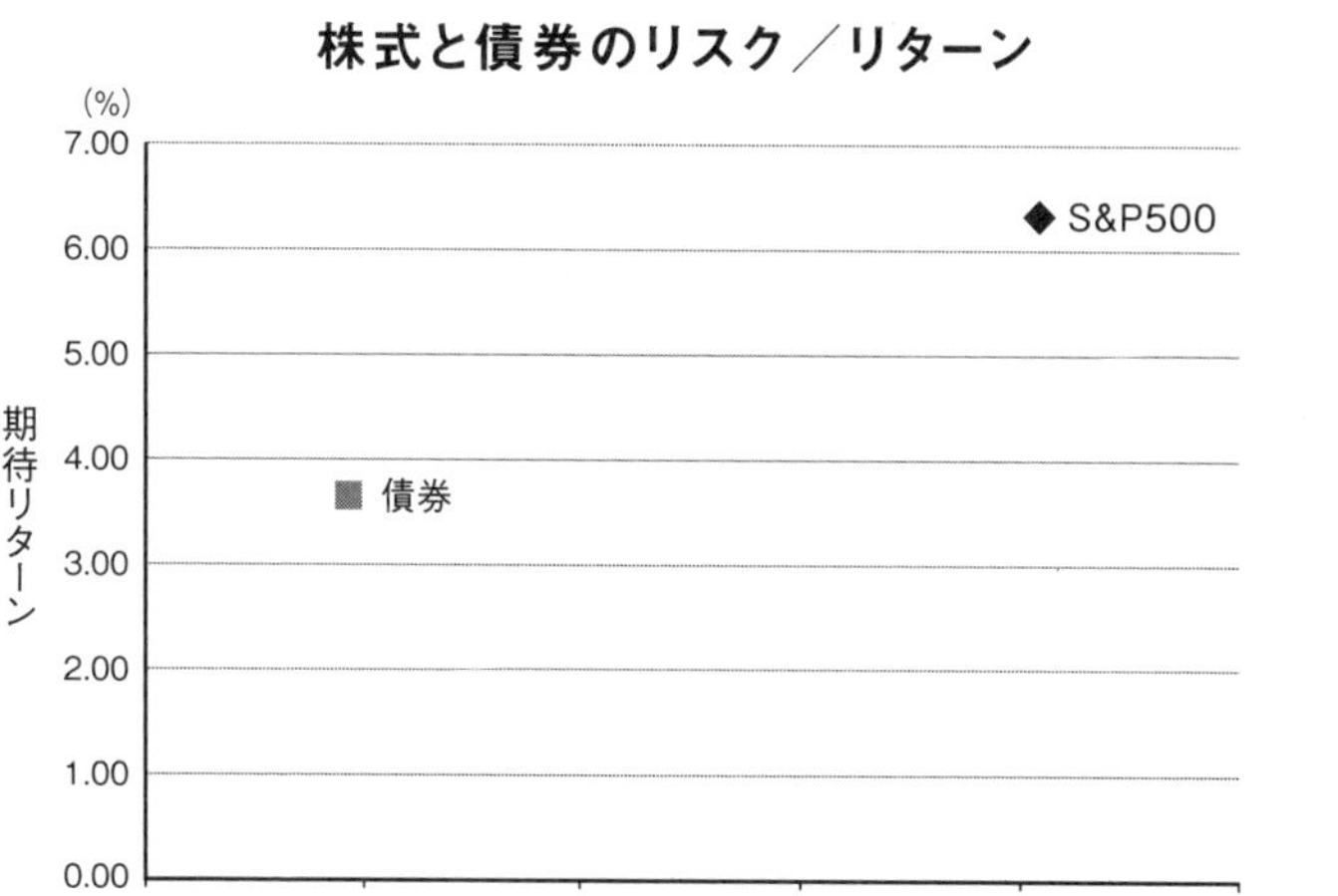
株式と債券のリスク／リターン
(%)
7.00
6.00
5.00
4.00
3.00
2.00
1.00
0.00
期待リターン
◆ S&P500
■ 債券
0.00
5.00
10.00
15.00
20.00
25.00 (%)
標準偏差(リスク)

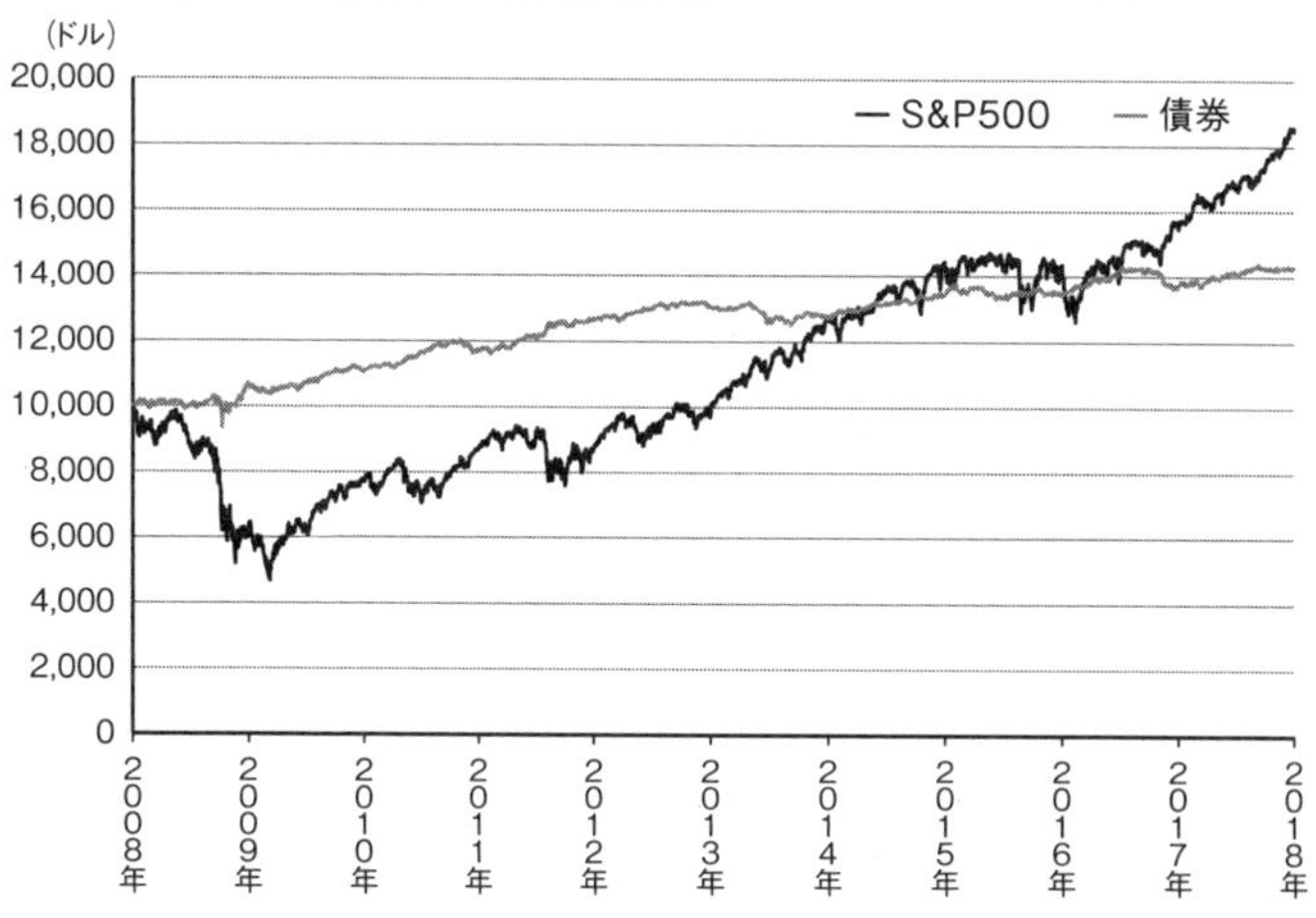
株式と債券の価格推移(2008年～2018年)
(ドル)
20,000
18,000
16,000
14,000
12,000
10,000
8,000
6,000
4,000
2,000
0
— S&P500
— 債券
2008年
2009年
2010年
2011年
2012年
2013年
2014年
2015年
2016年
2017年
2018年

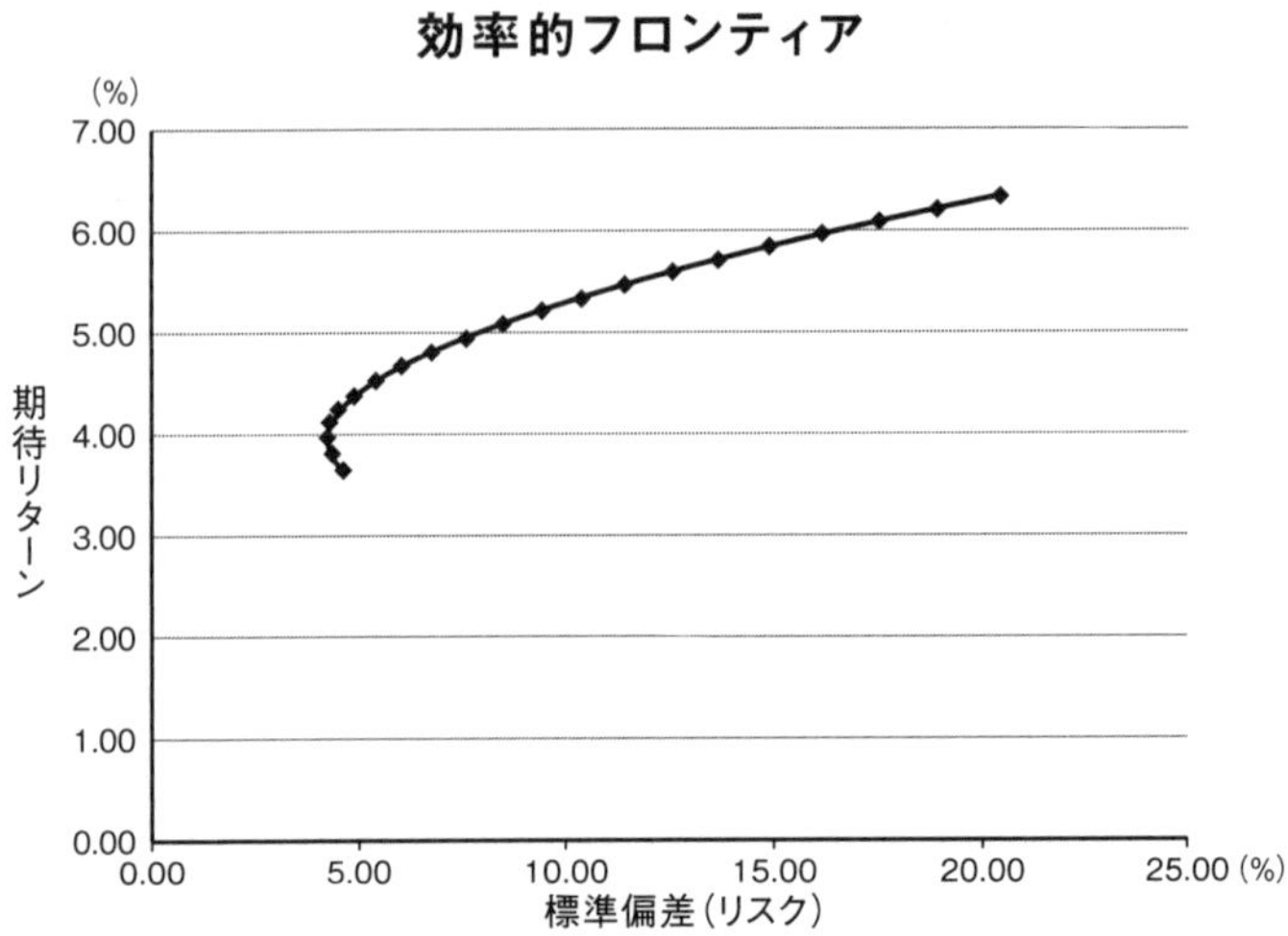
効率的フロンティア
(%)
7.00
6.00
5.00
4.00
3.00
2.00
1.00
0.00
期待リターン
0.00
5.00
10.00
15.00
20.00
25.00 (%)
標準偏差(リスク)

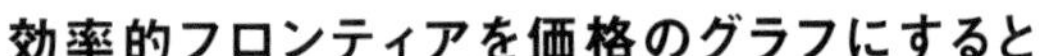
効率的フロンティアを価格のグラフにすると

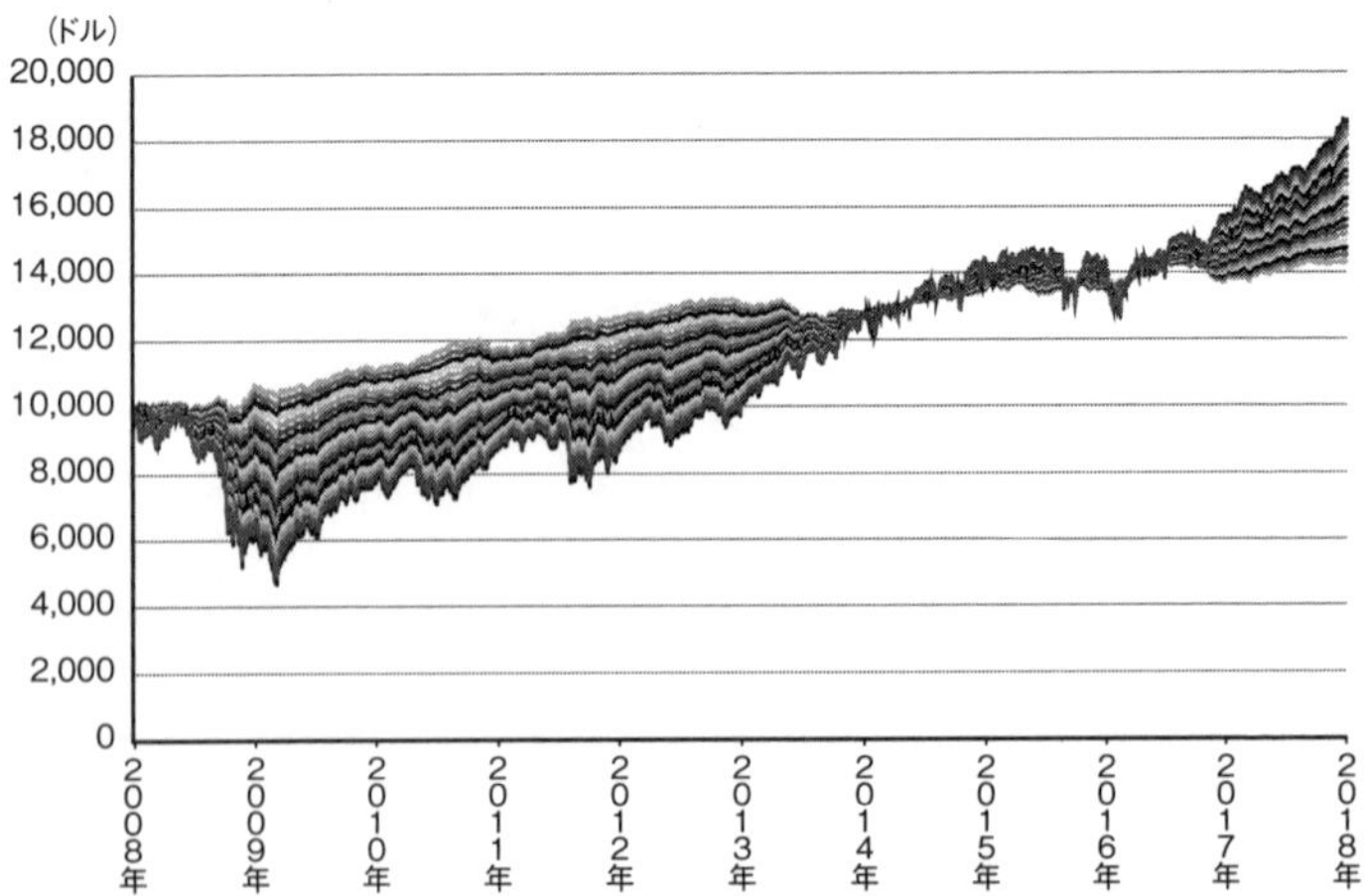
(ドル)
20,000
18,000
16,000
14,000
12,000
10,000
8,000
6,000
4,000
2,000
0
2008年
2009年
2010年
2011年
2012年
2013年
2014年
2015年
2016年
2017年
2018年

これこそが現代ポートフォリオ理論において2番目に重要なポイントです。つまり、あらゆる資産は期待リターンとボラティリティによって数値化され、それぞれの資産のアロケーションを調整することによって、許容できるボラティリティの範囲をコントロールできるのです。

株式の割合を高めると長期的なリターンは高くなりますが、上下の変動は激しくなります。債券の割合を高めると長期的なリターンは低くなりますが、日々の変動はより緩やかになります。

ポートフォリオをデザインする

現代ポートフォリオ理論を学び、その理論をインデックス投資と結びつけたことが私にとって大きな「アハ」の瞬間でした。ついにお金持ちの人の考え方がわかったのです。インデックス投資は私にとっては安全に株式市場に参入し、ポートフォリオがゼロになる事態を避け、長期的な運用パフォーマンスを引き下げる不快な手数料を払わないための手段でもありました。

そして、現代ポートフォリオ理論のおかげで、ブライスと私は自分たちに合った投資ポートフォリオを構築することができるようになったのです。ついに従うべき青写真を手に入れました。それは、次のようなステップを踏みます。

ステップ1：株式のアロケーションを選ぶ

株式の比率を高めると長期的なリターンは高くなるが変動率が大きくなることを理解した上で、最初にしなければならない大きな決断は株式と債券をそれぞれどのくらいの割合で保有するかです。

年齢と同じ割合の債券を保有するというのが、これまでの投資アドバイスでした。あなたがまだ若いときには、差し迫ってお金を必要としていないため、ボラティリティはそれほど気にする必要がないという考え方です。

株式の高い期待リターンがもたらす複利効果の方が重要なのです。ただ、60代、70代になると、あなたは生活のためにお金が必要となります。そのため、資産の安定性をより気にしなければなりません。ボラティリティを下げることがより重要になるのです。また、若いときはあなたのポートフォリオの規模も小さいです。ポートフォリオが5万ドルのとき、価値が50パーセント下落したところでそれほど大きな痛手ではありません。ただ、例えば歳をとって資産規模が50万ドルになれば話は違います。はるかに大きな痛手を被るのです。

いずれも説得力のある議論で、理論的には理解できます。ただ、問題もあります。初めて投資について学んでいるとき、あなたはまだ経験が浅く、ナーバスです。年齢と同じ債券の割合というルールは、人々が20代のときは長期的な視点で運用するため、ポートフォリオの価値が半減してもかまわないという前提に立っています。

ただ、それでは困るという人も中にはいます。私です。

ブライスはこのルールに従って、株式8割／債券2割を提案してきましたが、私は彼よりもずっと用心深く、株式5割／債券5割を望んでいました。私たちふたりは落としどころを見つけ、当初のアロケーションの目安を株式6割／債券4割としました。また、私の不安が次第に解消されれば、債券の割合を徐々に年齢まで引き下げるつもりでした。

株式6割／債券4割というアロケーションは結果的には正しい判断となりましたが、それは全く想定していないことが起きたからです。そのことについては後で詳しく説明するので、まずは次のステップについてお話しします。

ステップ2：指数を選ぶ

株式／債券のアロケーションを決めた後は、指数を選ぶ番です。あなたが米国人であれば、おそらく「えっ、そりゃS&P500に決まってるだろ」とお答えになるでしょう。そんなあなたに対して、私はホームカントリーバイアスという概念を紹介しておきたいと思います。

ホームカントリーバイアスとは、投資家が自国市場をオーバーウェイトする傾向のことで、十分な裏づけがなされています。「米国人は自分たちのことを世界の中心だと考えていると説教したいのか」などと非難される前に断っておきたいのですが、ホームカントリーバイアスに陥るのは米国人だけではありません。

調査によると、世界中の投資家が自国に投資することを好み、株式のおよそ75パーセントを自国に投資するというのです。当たり前のことですが、私たちはなじみのある市場に投資する傾向があるからです。米国ではニュースを見るたびにダウ平均やS&P500の日々の動きについて耳にすると思いますが、TSXやFTSE100についてはおそらく聞いたことがないでしょう。

米国は世界最大の経済大国です。そこに疑問の余地はありません。そのため、米国人にとって株式の大半は米国株であるべきです。ただ、それはほかの世界を無視してもいいという意味ではありません（その理由はすぐにご説明します）。

幸いなことに、米国とカナダ以外の先進国をカバーしているMSCI EAFE Indexという指数があります。MSCIは指数を運営する会社で、EAFEは「Europe（欧州）、Australasia（オーストラレシア）、Far East（極東）」の頭文字です。S&P500のように、北米を除く先進国の時価総額でウェイトづけした指数としてうまく機能しており、1969年につくられた最も古いグローバル株式指数です。

世界中の企業を時価総額で順位づけしたFTSE Global All Cap Indexなどのグローバル企業の指数を見てみると、米国企業がおよそ半分を占めます。つまり、もしグローバルでバランスを取り、リスクを軽減したいのであれば、米国株が株式ポートフォリオに占める比率は世界の中の米国経済の比率と同じ（米国5割、グローバル5割）にしなければならないのです。

もしあなたが米国以外に住んでいるなら、ホームカントリーバイアスを避けることはより重要になります。米国は第二次世界大戦以降、誰もが認める世界一の経済大国です。仮に米国人が自国企業をオーバーウェイトしても、彼らのポートフォリオへのダメージはそれほど大きくありません。米国はナンバーワンだからです。悪くても、ナンバーツーになるくらいでしょう。大した問題ではありません。ところが経済規模がそれほど大きくない国にとっては、愛国的な投資をしたいという誘惑がいくら強くても、国内株をオーバーウェイトする悪影響は極めて大きくなります。

私は第二の祖国を愛しています。カナダにはいくらでもコーラがあり、家族を殺めようとする共産党員もゼロです！　本当に最高です！　ただ自分の資産運用の話となると、カナダの人口がおよそ3724万人であるという事実を忘れてはいけません。カリフォルニアだけでも4000万人います。カナダ全体の経済規模が米国の1つの州の規模と変わらないのです！　私は現実的にならなければいけません。全資産をカナダに投資するのは愚かな行為です。カナダはほかの世界に比べるとほんの小さな国です。ただ、カナダを完全に無視するのも理に反します。国内株に投資すると税優遇を受けられるからです。

次のページの円グラフが、私たちが最終的に選んだアロケーションです。

私たちが最終的に選んだアロケーション

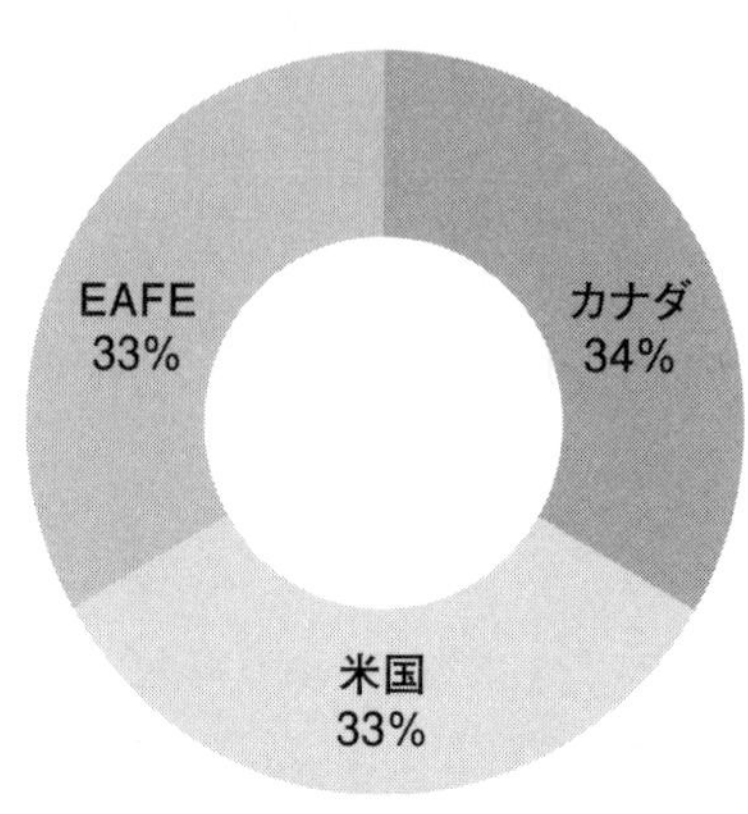

改めて言いますが、これはあくまで目安です。このような割合に決めたのは次のような理由からです。

・株式の半分以上をカナダ以外の国・地域に投資したかった。
・米国の組入比率を米国経済の世界全体に占める割合に合わせた。

もしあなたがある国・地域の株価がほかの国・地域よりも上昇すると思うのであれば、自由にアロケーションを数ポイント移動させてもかまいません。あなたが正しければ、あなたの勝ちです。仮に間違っても、資産が大きく減るわけではありません。

ステップ3：投資ファンドを選ぶ

指数と資産のアロケーションを決めたら、次は具体的なファンドを選ぶ番です。私たちが投資を始めたときは、投資信託がほぼ唯一の選択肢でしたが、最近ではもっと良い選択肢が登場しました。上場投資信託、つまりＥＴＦです。

ＥＴＦは複数の株式や債券に投資するという点で投資信託と似ていますが、投資信託とは違い、オープンな株式市場で取引されています。それによって、２つの利点が生まれます。

1．手数料が安い。投資信託を買う（売る）場合、運用会社で働く誰かがその注文を処理し、買った人に割り当てなければなりません。ＥＴＦの場合は、証券取引所がプロセスを代行してくれるのです。取引はコンピュータによって自動化されており、手数料はずいぶん安く済みます。

2．誰でも買うことができる。通常、もしある銀行の投資信託を買いたい場合、その銀行に口座を開設して投資しなければなりません。そうなると、銀行はあなたをだましやすくなります。あらゆる種類の手数料をあなたの口座に請求しようとするでしょう。ＥＴＦは株式を取引できる証券口座であれば、どの口座でも取引できます。

人気のあるETFのリスト

指数	ETFの名称	ティッカー	経費率
S & P 500	Vanguard Total Stock Market	VTI	0.04%
TSX	BMO S & P/ TSX Capped Composite Index	ZCN	0.05%
MSCI EAFE	Vanguard FTSE Developed Markets	VEA	0.07%
US Bonds	Vanguard Total Bond Market	BND	0.05%
Canadian Bonds	BMO Aggregate Bond Index	ZAG	0.09%

ただ、ETFにも1つだけ欠点があります。投資信託は通常、取引ごとに手数料はかかりませんが、ETFはかかる場合があります。証券会社は取引ごとに5~20ドルの売買手数料を課しますが、投資信託はその料金が経費率（MER）に織り込まれるからです。

私たちが投資を始めたときは、給与のたび（2週間に一度）に資金をポートフォリオに移動させていたので、買いが頻繁でした。結果的に多額の手数料がかかったため、私はインデックス投資を選んだのです。

ただ、最近ではETFの売買手数料が無料の証券口座も多いため、もはや投資信託を利用する理由がほとんどありません。では、どのETFを買うべきでしょうか？　それは、あなたが選んだ指数と連動する最も安いETFです。私たちインデックス投資家は、一番腕利きのファンドマネジャーを探しているわけではありません。すでにどの指数と連動させたいのかを決めているのであれば、最も手数料の安い最良のETFを探しましょう。

参考として、いくつか人気のあるETFを前ページに挙げておきます。

あなたが買える商品の中から、シンプルに最も手数料の安いETFか投資信託を選びましょう。

私の最初のポートフォリオ

そのとき、私たちは仕事を始めて2年が経過していました。まだ最初のマンションに住んでおり、プリントアウトしたグラフや紙がいたるところに散乱している寝室で、ブライスと私はコンピュータの前に並んで座っています。調査はやり終え、ポートフォリオを決定し、投資ファンドも選びました。ふたりで貯めた貯金（10万ドル）が証券口座に入っており、注文が入るのを待っています。次ページの円グラフが、ブライスと私が選んだポートフォリオです。

株式6割／債権4割のアロケーションで、株式の各国・地域の組入比率はカナダと米国、EAFEで均等です。

「心の準備はいい？」と尋ねるブライス。

「うん。た……たぶん……」と口ごもる私。

ブライスと私が選んだポートフォリオ

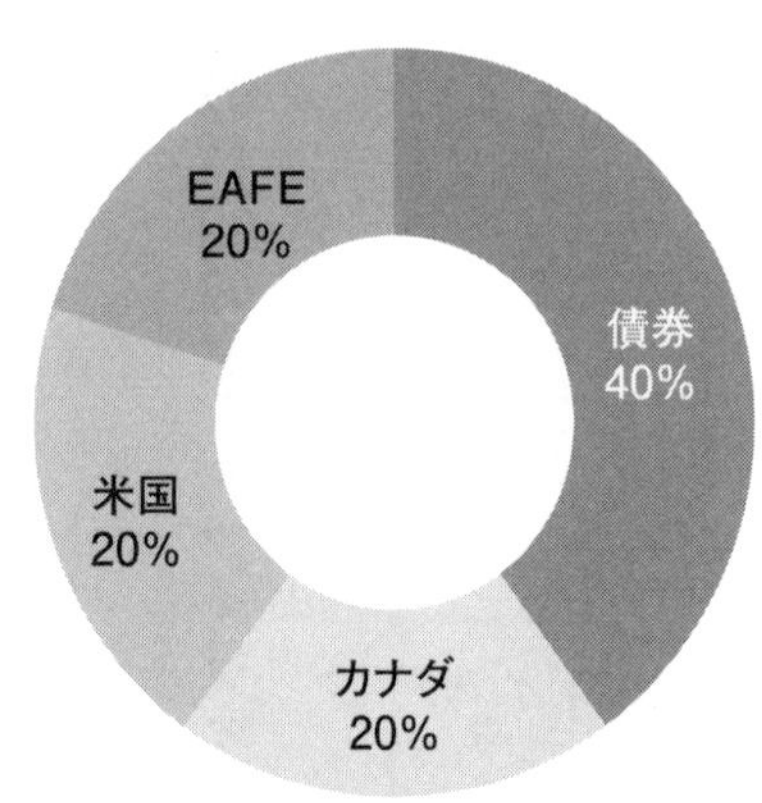

鼓動が高鳴ります。人生で初めての真の「お金持ち」的行為です。私はお金を手にして安心するという域から、お金の増やし方を学ぶという域まで進歩をとげました。医療廃棄物の山を漁っておもちゃを探していた少女が、これから株式市場に投資しようとしているのです。でも、失敗したらどうしよう？　父は欧米に新天地を求め、いろいろな犠牲を払いながら共産党の手から逃れてきました。その犠牲を私が無駄にしてしまうのでは？

軽はずみな気持ちで、私はこの決断をしたわけではありません。新聞を読み、様々な研究を理解し、何よりも私は数字を信頼しています。私がためらいがちにうなずくと、ブライスが買いの注文を入れ、私たちは一緒に執行ボタンを押しました。

ほぼ即座に、私たちのポートフォリオができ上がりました。

そして、たったの10ドルのプラスでしたが、人生で初めてお金がお金を生み出す瞬間を目の当たりにしたのです。子どものころ、お金は単に生存のためのツールでした。いまはお金持ちのお金の見方を理解しています。こうやってお金持ちはもっとお金持ちになっていくのです。

それからしばらくは神がかっていました。私たちは給与をもらうたびにできる限りの資金をポートフォリオにつぎ込み、リターンはずっとプラスでした。すぐに１００ドルプラスとなり、５００ドルプラスとなり、１０００ドルプラスとなります！　信じられない思いでした。あまりにも簡単にお金が増えていきます。

どうして私はあんなに投資を恐れていたのでしょう？　これまで機会をみすみす逃してきた自分が愚かに思えました。ただ、私はまだ若いです。この金のなる木を育てる時間はたっぷりあります。

ある夜、私とベッドで寝ているとき、ブライスは私にどう感じているのか訊いてきました。「１００万ドルの気分よ！」。私はすでに１００万ドルを手にしているように感じていたのです。私たちはお金持ちの秘密を学びました。儲けは青天井です。父はきっと私のことを誇りに思ってくれるでしょう。

消灯する前に、私は時間を確認しました。ちょうど深夜の12時をまわったところです。日付は２００８年9月1日でした。

⑩ 世界金融危機

「うそうそうそうそうそ～！！！！！」

「大丈夫か？」。仕事から帰ってきたばかりのブライスが玄関で叫びました。

「ぜんぜん大丈夫じゃない！　株式市場をちゃんと見てたの⁉」

ダウ平均は300ドル以上下落し、新聞には「サブプライムローン危機」といった言葉が躍っています。私の知らない言葉です。ただ肝心なことは、私たちがお金を失っていた（ポートフォリオのおよそ2割）ということです（具体的な数字は補足Bを見てください）。

「じゃ、今日は下げの日ってことだね」と言ってブライスは肩をすくめます。「大丈夫だよ」

私は紙を1枚つかみ、彼の面前に差し出しました。「単なる下げの日じゃないの！　ぜんぜん大丈夫じゃないの！」

「わかったよ、とりあえず落ち着こう」。彼は私の心を静めるために、海の波のような口笛を吹きながら答えました。「覚えてるだろ、ボラティリティは投資にはつきものなんだ。プラスの日もあれば、ときには……」

「わかってないの！」。私はこの時点で過呼吸に陥っていました。「あなたが失敗しても、あなたの親が助けにきてくれる。でも私が失敗したら、私は親もろとも引きずり落とすことになるの。私はそんなこと……」

もはや自分が完璧だなんていうふりはしません。ぜんぜん完璧ではありません。私は悲観的で、致命的なほど自分に自信がなく、すぐにパニックになります。その瞬間は、これら3つの性格がすべて露わになっていました。

ブライスは私たちふたりの間では常に楽観的な役割を担い、彼に助けてもらったのはこのときが二度目でした。まだ伝えていませんでしたが、ブライスが家に着いた瞬間、私は自分の指で「すべて売却」のボタンを押しかけていたのです。それを彼が何とか思いとどまらせてくれました。

それから数カ月は残念なことに、私の不安が収まることはありませんでした。2週間後にリーマン・ブラザーズが破産を申請し、世界金融危機はピークに達したのです。TSXもダウ平均も1000ドル以上下落する日が当たり前になりました。私は1日で1000ドル失った日のことを鮮明に覚えています。中国にいる隣人たちの稼ぎを合わせた以上の金額です！

ブライスは目を覚ますと、ストレスで抜けた髪の毛で私の枕が覆われているのを目にしました。彼は私がそれ以上ストレスを感じないよう、その髪の毛を私が目にしないように処理してくれましたが、私はいつも気づいていました。

「私たち、いったいどうすればいいの？」。自分たちの貯めたお金がどんどんなくなっていくのをなす術もなく見ていたある日、私はベッドで尋ねました。「また調べるんだよ」「何をすればいいか、もう君にもわかってるだろ」と彼は答えました。

ステップ4：リバランシング

現代ポートフォリオ理論には第4のステップがあります。比較的単純に聞こえる作業ですが、その裏には多くの細かい理屈が隠されています。世界金融危機の間に私たちを救ってくれたのがこのステップでした。それでは詳しく説明します。

現代ポートフォリオ理論では、資産のアロケーションを決めた後、時間とともにどのように変動していくのかをしっかり把握しておくことが必要です。資産が目安としているアロケーションから大きく逸脱し始めたとき、リバランシングをしなければなりません。例えば、私の資産のアロケーションが次ページの円グラフのように当初の目安から逸脱してきたとき、現代ポートフォリオ理論に従えば、私はその下の表のような売買をしなければなりません。

このリバランシングという単純な行為はささいなことのように見えるかもしれませんが、結果的に投資家は非常に賢明な措置を講じていることになります。第1に、リバランシングをすることでお金を失い続ける最悪の事態を回避できます。株式市場は毎日上げ下げを繰り返しますが、長期的には指数は右肩上がりです。S&P500の開始当初からの推移は148ページのグラフのようになります。

目安のアロケーションから大きく逸脱し始めたら…

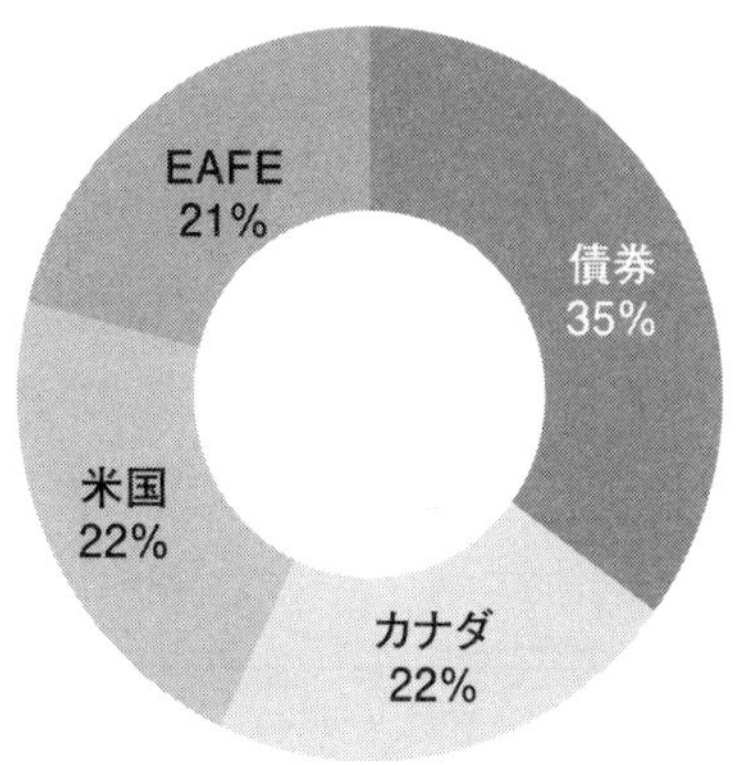

私たちがしなければいけない売買

資産	売買	割合
カナダ	売り	2%
米国	売り	2%
EAFE	売り	1%
債券	買い	5%

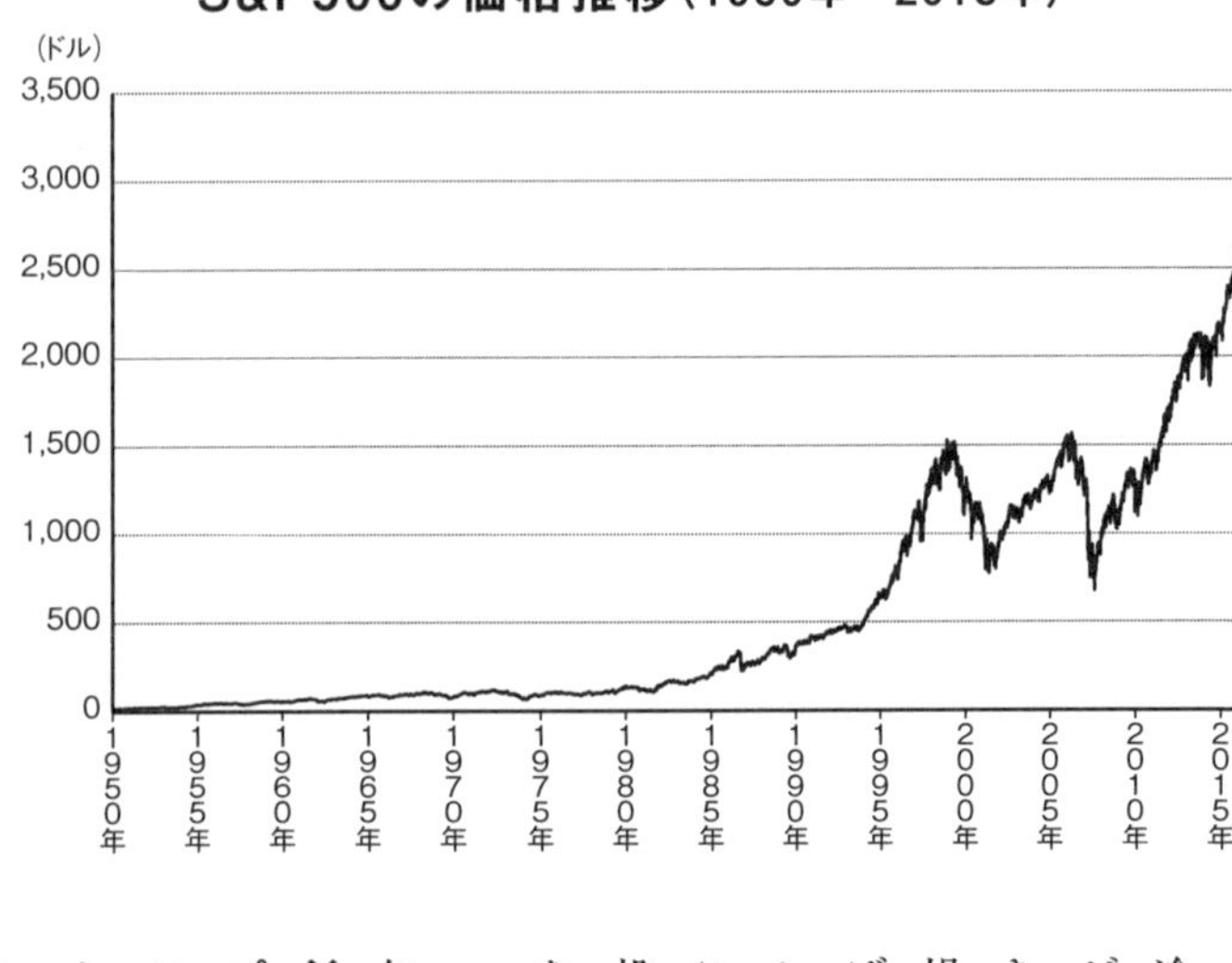

この期間には、１９５０年以降に起きた東西冷戦やキューバ危機、９・11などあらゆる災難が含まれています。指数はそのたびに回復してきたのです。仮にインデックス投資家が下落相場に巻き込まれても、資金を取り戻すには待てばいいだけです。直感に反するように聞こえるかもしれません（市場が下落しているとき、本能的には売りたいと思うものです）が、実際はそのまま投資を続けることが常に最も賢明なアプローチなのです。

ブライスは２００８年のあの日にそのことを知っていました。**下落時に売って、回復期に利益を逃すことこそが、お金を失い続ける唯一のパターンなのです。**リバランシングを行うことによって、そうした事態を回避できます。あなたがある資産を売るのは、その資産のアロケーションが目安を上まわるときだけです。つまり、売るのは上昇した資産だけなのです。下落した資産を売ることはありません。

2番目に、リバランシングを行うことで、正しい投資行動が強要されます。すでに述べたように、あなたは上昇した資産だけを売ることができます。逆を言えば、目安を下まわっている資産だけを買うことが許されるのです。つまり、下落した資産しか買うことができないということです。

安く買って、高く売る。株式市場でお金を稼ぐための鉄則です。

最後に、リバランシングを行うことで、投資につきまとう2つの大きな感情に投資行動が左右されなくなります。強欲と不安です。感情に左右されないことがどうして重要なのか理解できないのであれば、暴落時に何が起こるのかを見てみましょう。

2008年の金融危機のとき、株式市場は数日ごとに胃をかき混ぜられるような500〜700ドルもの下落に見舞われました。私の資産は半分以上が株式だったため、ポートフォリオ全体が下落することになります。ところが、アセットアロケーションを引っ張り出してみると、次ページの円グラフのようになっていました。

私のポートフォリオ全体は下落していましたが、債券の保有額は上がっていたのです！　これは金融危機が起きると、お金がリスク資産（株式）から安全資産（債券）へ流れるからです。不安感をあおる見出しを毎日のように目にし、ポートフォリオがどんどん減っていくのを目の

金融危機のときのアセットアロケーション

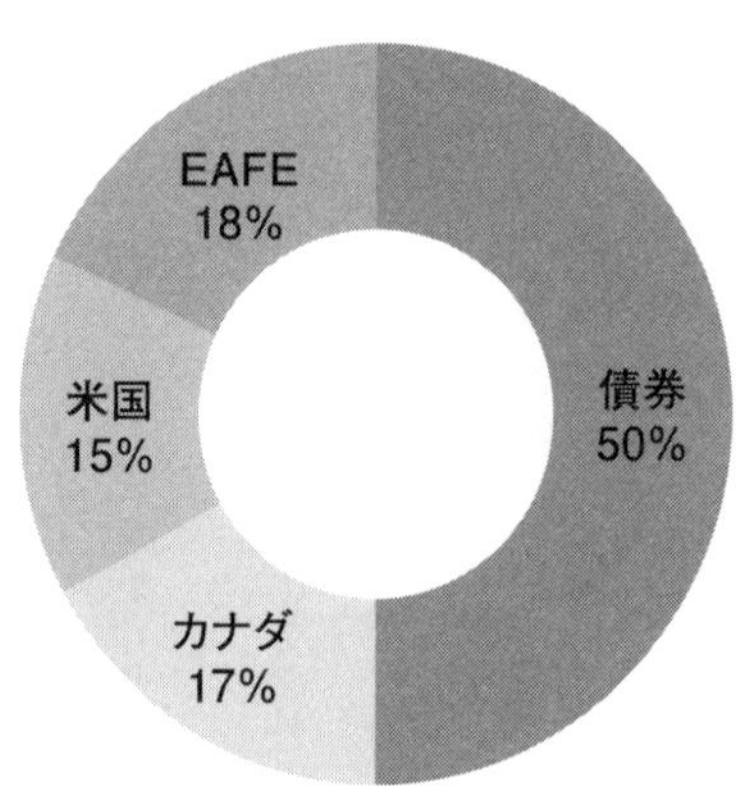

当たりにしながら、私の中のあらゆる本能は資産をすべて売却し、悲鳴を上げながら森の中へ逃げ込み、二度と投資をしないよう訴えていました。

ところが現代ポートフォリオ理論が求めている行為は違いました。火事になっていない唯一の資産（債券）を売却し、株式市場が下落を続ける中で株を買い増せと言うのです。

当時はわかりませんでしたが、これがまさしく取るべき行動だったのです。

①リバランシングの限界

先に進む前に、このアプローチの限界をまず、お話ししておく必要があります。

第１に、現代ポートフォリオ理論はポートフォリオに株式と債券の両方を抱えているときのみ有効なアプローチです。過度に１つの資産に偏りすぎていると、システムは機能しません。例えば、私たちが経験したような株式市場の暴落のとき、もし私の資産が株式１００パーセントであれば、リバランシングは機能しないのです。株式市場が下落する中で、補完的な役割を果たして上昇する資産がありません。

つまり、私のアセットアロケーションは変わらず、リバランシングの対象となる資産がないのです。だからこそ、私はいかに積極的な投資家でも、株式の保有を８割以上にしないように勧めているのです。

２番目に、現代ポートフォリオ理論は、あなたの資産がすべてインデックスファンドである場合に最も有効に機能します。ポートフォリオに１つでも個別銘柄があれば、トラブルになりかねません。

インデックスファンドがゼロになることはあり得ませんが、個別銘柄がゼロになるのはあり得ることです。もしそうなったら、リバランシングでは下落している株を買い増すために、ほかのすべての資産を売るよう指示します。

保有している資産がその株だけになり、その会社が倒産するまでその売買を続けることになるのです。気づけば、あなたの貯蓄はすべてなくなってしまいます。現代ポートフォリオ理論に従って運用するポートフォリオでは、個別銘柄を保有してはいけません！

暴落を乗り切る

ボロボロになるポートフォリオを見つめながら、私のあらゆる本能は損切りして逃げるように訴えていましたが、調査の結果（とブライス）はもっと買い増すように指示していました。

これまで数字とブライスに裏切られたことはありません。私は指示に従うことにしました。2週間に一度、ブライスと私は給与を合算し、食費や家賃にいくら必要かを計算した上で、残金をすべて暴落している株式市場に投じました。ある日、1000ドル分のインデックスファンドを買い増しましたが、すぐにポートフォリオが1000ドル分下落してしまいました。

「私のお金はいったいどこに行ったのよ？」。私はスクリーンに叫びました。

お金をただ燃やしているように感じましたが、実際は保有しているインデックスファンドの口数は増え続けていました。パニックの霧の中で、それが見えなくなっていただけなのです。

株式市場が底を打ったのは2009年3月で、そこから回復局面が始まります。株式市場は

S&P500 vs 私たちのポートフォリオ（2008年～2009年）

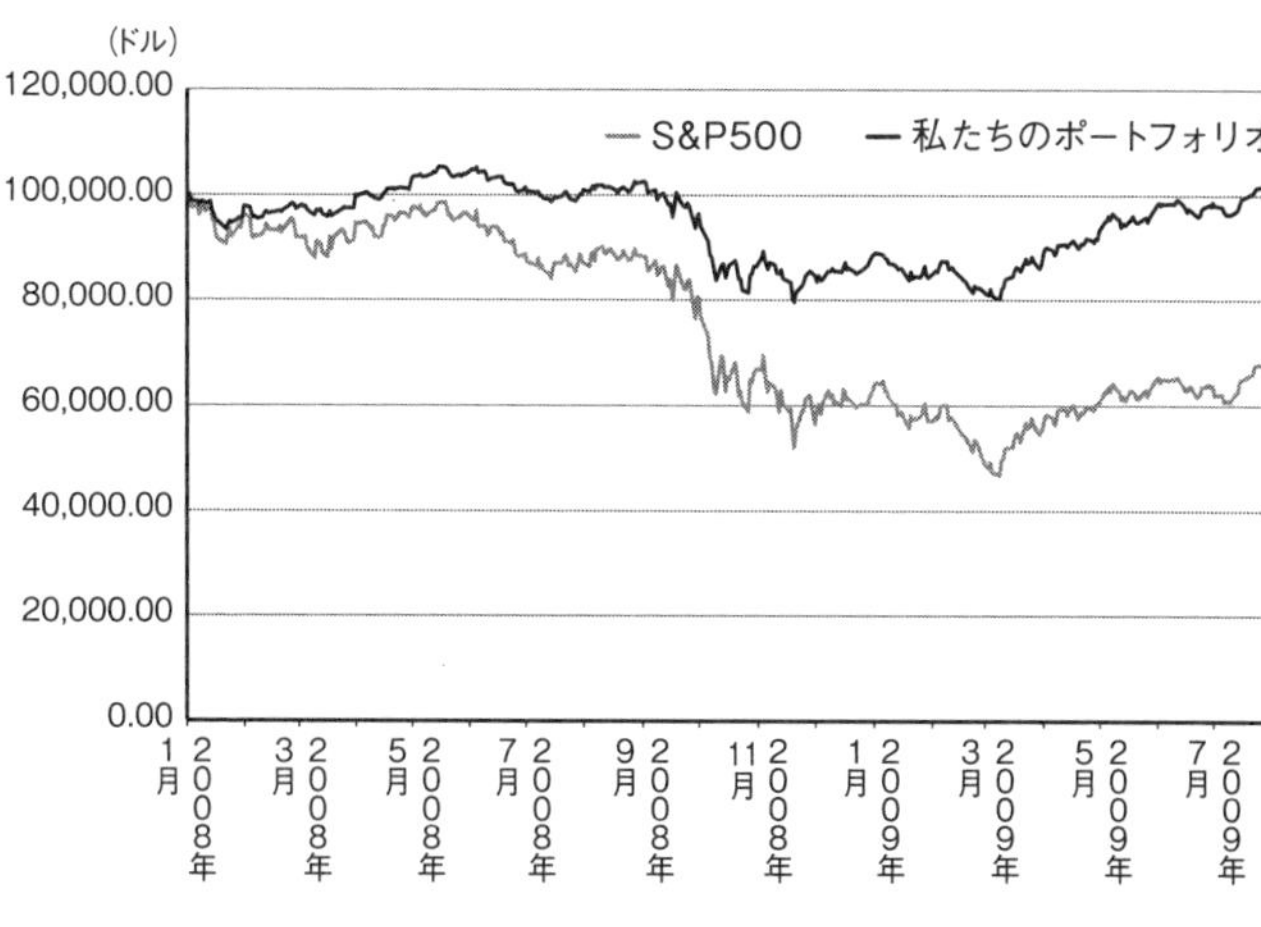

天井から底値まで約5割下落しましたが、私たちのポートフォリオのうち株式市場に投資していたのは6割だったため、ポートフォリオの下落は半分の20～25パーセントで済みました。

宴はそこから始まります。私たちは下落局面の株式市場に買い向かっていたため、そのころには、投資を始めたときよりもかなりインデックファンドを買い増していました。しかも、非常に割安な価格でした。結果的に、下落相場よりも上昇相場により積極的に参加していることになったのです。Ｓ＆Ｐ５００が金融危機以前の水準に戻るまでには3年半を要し、２０１２年4月までかかりました。

一方、私たちのポートフォリオが元の水準に戻るのにかかった期間は、上のグラフのようになります。

世界金融危機が始まってわずか2年後には、新聞がまだ世界経済の混乱を喧伝している中で、私たちは資金を完全に取り戻していたのです。ウォール街は青息吐息でしたが、私たちは1セントも失うことなく苦境を脱したのです。インデックス投資と現代ポートフォリオ理論を駆使することで、私たちはプロのヘッジファンドマネジャーの大半を彼らの専門領域で負かしました。

その日、ブライスは青と銀のポンポンを手に持って振りながら、玄関で私を迎えました。「どうしたの？　何で？」と訊くと、彼は損益トントンになっている私たちの証券口座を見せてくれました。

「おっ」。私は驚いて叫びました。「うまくいったのね！」

第9章の要点

▼現代ポートフォリオ理論は資産を2つの指標（期待リターンとボラティリティ）で表します。

▼ポートフォリオを設計／維持するためには、

・あなたが安心できる株式の割合を決めます。私たちは株式6割、債権4割を選びました。

・指数を決めます。
・その指数に連動する投資ファンドを選びます。
・資産の割合が変動したら、リバランシングで目安としたアロケーションまで戻します。

第10章 私を救ってくれた魔法の数字

子どものころに比べると、30歳までの間に私の生活は劇的に改善されました。根性と意志の強さ（と健全な不安感）だけで、コンピュータ・エンジニアとして働く中産階級に見事にはい上がったのです。いまでは飲みたいだけコーラを買えますし、朝食のマフィンをグルテンなしのオーガニックにするかどうかくらいしか悩みがなくなりました。

ただ父が教えてくれたように、くすぶっている火種はいつか燃え上がります。誰もその火を止めることはできないのです。ある日、運命は私が十分に吃苦していないと判断したのでしょう。大きな爆弾を落としてきました。予算削減を理由に（実際は会社は20億ドルもの利益を上げていました）、私たちが所属する部署でリストラが発表されたのです。親しいメンツが職場から消えて行き、インドのコールセンターに駐在する知らないメンツに置き換わりました。

6年間忠実に働き、その間に二度の昇進を果たしたにもかかわらず、私は毎週報告書を提出するよう求められました。その報告書で、なぜすぐに自分が解雇されるべきではないか、詳細な理由を挙げて証明しなければならなかったのです。私の同僚も全員、自分たちが解雇されるべきではない理由を証明しようと躍起になって働きました。ただ、私の親友はその証拠を持ち合わせていませんでした。週80時間働いていることなど関係ありません。最近、母親を脳動脈瘤で、叔父をすい臓がんで、祖母を心臓発作で亡くしたことすら無関係です。

祖母の葬式から戻ってきた日に、彼女を解雇通知が待っていました。

私は毎日、いつ自分にナタが振り下ろされるのかビクビクしていました。私の上司が病気休暇を取ったのもそのころです。彼の足には血栓ができ、医師には労働時間を減らさなければ死ぬかもしれないと言われたのです。

1カ月後、彼は何事もなかったかのように職場に戻ってきました。血栓はまだ除去されておらず、彼は松葉杖をついて足を引きずりながら歩いていましたが、さらに長時間働き、私たちにもそうするようハッパをかけていたのです。職場の誰もが抗うつ剤を飲んでいるか、たびたび正気を失っていました。私の同僚のひとりも我慢できず、ついに病気休暇を取りました。

それから私は自分が師と仰ぐ先輩が職場のデスクで倒れ、死にかけるのを目の当たりにしました。その夜、私は家に帰ると初めてパニック発作を経験しました。同時に新しい人生の教訓も学んだのです。

お金は血を流す価値はあっても、死ぬほどの価値はない。

貧しく育ったことで、私は欠乏マインドを養いました。そのおかげで何とか中産階級にはい上がることができたのです。ただどうやらその過程で、欠乏マインドもその効力を失ってしまったようです。もう十分でしょ？　お腹に寄生虫もいないし、医療廃棄物の山を漁っておもちゃを探す必要もないし、コーラの空き缶を世界で一番貴重なもののように扱う必要もありません。私は高給の仕事に就くのは、安全と幸福を得るためだと思っていました。ところがすべて「正しい」ことをやってきたのに、それでも周囲の人が死にかけているのです。もし亡くなるときに墓地で一番目立つきらびやかな棺を買うことがお金の目的なら、いったい何の意味があるのでしょうか？

何かを変えなければなりません。止血が必要なのです。

「ためこみマインド」がリタイアを先延ばしにさせる

翌日、先輩のいない空っぽの椅子を見ながら、私は新聞で読んだある話を思い出しました。65歳でリタイアして世界旅行することを夢見て、数十年間、懸命に働き続けた男性の話です。その男性はなかなか踏ん切りがつかず、リタイアを先延ばしにし続けました。貯めたお金が十分ではないかもしれないという不安を拭いきれなかったからです。「あと1年だけ」と働き続けました。結局、その翌年も同じことを繰り返します。ところがついに彼の心臓が悲鳴をあげ、彼は職場のデスクで亡くなったのです。彼の子どもたちが彼の遺体を火葬し、遺灰をブリキ缶に入れて世界中を旅してまわったというお話でした。

その記事は「子どもたちが男性の夢を叶えた」という美談のはずでしたが、私が自分を重ね合わせたのは子どもたちではなく、ブリキ缶でした。

すでにお話ししたように、私は欠乏マインドを持って育ってきたことにはいまでも感謝しています。私がこれまで生きてこられたのも、そのおかげです。ところが欠乏マインドは次第に私の生活に負の影響を与えるようになっていました。ためこみマインドに成り下がってしまっていたのです。

欠乏マインドの教えとは、時間と健康を犠牲にしてでもお金を稼ぐというものです。お金こそが人生だからです。ただその教えがうまくいくのは、生き残ることだけを考えているときです。欠乏マインドの問題は、最終的な目標がないことです。もはや生存の危機にさらされていないときでも、オフにするスイッチがありません。必要以上に時間と健康を犠牲にし続けてしまうのです。人生のすべてのエネルギーを使い果たし、どこかのオフィスのデスクで亡くなったときが終着駅なのです。

欠乏マインドは生き残るために人生のエネルギーを差し出すという考え方ですが、それがためこみマインドに変わると人は無駄なことにエネルギーを差し出してしまいます。ためこみマインドによって目の前でひとりの尊い命が犠牲になりかけましたが、私はその犠牲者にはなりたくありませんでした。

その蟻地獄から抜け出さなければならなかったのです。

ビジネスを始める

お金に関して、これまでとは違う考え方が必要なことはわかっていました。ブリキ缶の中の遺灰で人生を終えないための考え方です。私はそれを探し出すために、新たな旅を始めました。数カ月間、狂ったようにリサーチに明け暮れました。インターネット、図書館、本屋を使って、答えを探しまわったのです。最初は、その答えはさらにお金を稼ぐことだと思いました。お金持ちはお金に悩む必要などありませんよね? ティモシー・フェリスの『「週4時間」だけ働く。』、ロバート・キヨサキの『金持ち父さん　貧乏父さん』などあらゆる本を貪るように読みました。そしてビジネスを成功させることがその秘訣だという結論に達しました。結局、テレビに出るようなお金持ちは全員、CEO（最高経営責任者）か起業家なのです。

それから数年間、私は9時5時の仕事をこなしながら、夜の時間を使ってネットビジネスを次から次に立ち上げました。その中の1つでも軌道に乗って、ブリキ缶から自分を救ってくれることを願ったのです。自分にハッパをかけるために、家のデスクの上の壁に「時間＝お金」と書いた紙を貼りつけました。

最初はサイドビジネスに挑戦しました。デジタルマーケティングの専門家が書いているブログを読んでおり、彼はニッチなウェブサイトを立ち上げて、その広告スペースを売却するビジネスで月に10万ドル稼いでいるというのです。彼が教える懇切丁寧なアプローチに従うだけで成功するという話でした。まずロングテールのキーワードを調べ、アグリゲーションサイト［インターネット上の複数のサイトからコンテンツを集めたサイト］に自分の記事を無差別に送りつけ、他人のブログにコメントを投稿する。そうした作業を通じてあなたのサイトへの「バックリンク」（インターネット上の様々なサイトからあなたのサイトに誘導するリンク）ができあがり、十分なバックリンク網を構築すれば、グーグルの検索ランキングのアルゴリズムがあなたのサイトをそのニッチ市場の最初のページに表示するようになるというのです。

数カ月間、私は真面目にそれらのステップに従いました。何と言っても月10万ドルのアフィリエイト収入です！　ただ、多少軌道には乗ったものの、すぐに問題が発生しました。このマーケティングの専門家のサイトが人気となり、多くの人が彼の戦術をまねしたことで、グーグルが検索ランキングのアルゴリズムを変えてしまったのです。これが第一の失敗でした。

次に挑戦したのは、アマゾンでの販売です。激安商品を大量にまとめ買いし、アマゾンに載せて販売し、価格差を利益にして年に10万ドル以上稼いでいる人の話を読んでいたのです。問題は家の近くにはアウトレットがなく、マンションの最上階に住んでいたため商品の保管スペースもありませんでした。配送費がすぐにかさんでしまい、十分な数をこなすことができず、利益を上げることができませんでした。これが第二の失敗です。

アプリの開発にも挑戦しました。第二のフラッピー・バード〔ベトナム人の開発者が制作したモバイルゲーム〕をつくって、お金に囲まれた生活を送っている開発者についての本や記事を読みまくりました。まさに自分にぴったりだと思ったのです。私は何と言ってもコンピュータ・エンジニアです。私の100万ドルのアイデアは、『赤いペーパークリップ』という本に基いたものでした。ある人物が1つの赤いペーパークリップをより価値のあるものに交換し、最後には家を手に入れるという物語です。私はSwapIt.comという物々交換のマーケットサイトをつくることに決めました。そのドメインを登録し、ブライスを言いくるめてプログラミングを手伝ってもらい、数カ月でリリースする準備は整いました。

それから「2つの市場問題」と呼ばれるものにぶち当たります。利用者がアプリを立ち上げても、その中で何も交換したいものが見つからないので、彼らはすぐに見切りをつけます。その結果、いつまでも交換できるものが集まらないのです。まさに死の悪循環でした。

ある日ランチを食べながら、私はそのビジネスについてある起業家の友人に説明しました。彼は優しくこう尋ねてきました。「誰もお金をやりとりしないアプリでどうやってマネタイズするつもりだい？」」。「知らないわよ、そんなこと！」と私は答えました。第三の失敗です。

ビジネスを成功させることは極めて難しいことです（知っていましたか？）。ブルームバーグによると、9割の起業家は18カ月以内に失敗するそうです。単なる不運やタイミングの悪さが原因であることも少なくありません。競争は熾烈です。あまりに気が滅入ることが多く、ほとんどの人はあきらめるのです。失敗しなかった残りの1割の人について調べてみると、彼らは死に物狂いで働いていました。毎日4時に起き、数時間家で仕事に打ち込み、朝の7時にオフィスに行き、体を引きずるようにして家に帰った後も、気を失うまで働き続けるのです。

多くの人は借金で自分を追い込み、その途中で身も心も擦り減らします。事業を成功させた人でさえも、会社が倒産しないように犬のように働き続けなければなりません。競合他社からの攻勢の手が止むことはないのです。

私はあくまで悲惨な仕事から逃れようとしていたのであり、ほかに死ぬ方法を探していたわけではありません。また、自分でコントロールできない部分が多すぎるのも気に入らない点でした。「週末起業家」になったところで、平日の仕事を辞められるわけではありません。全く成果を上げられないまま、人生の数年間を無駄にする可能性だってあるのです。

ある日、無残な結果に終わったアプリを見ているとき、私はフラストレーションから思わずペーパーウェイトを壁に思いっきり投げつけました。その結果、壁に貼っていた「時間＝お金」と書かれた紙が床に落ち、額縁のガラスが割れました。床で逆さまになった張り紙は、私の方から見ると「お金＝時間」のように読めます。

えっ？

もしかしてこれを逆さにしたら？　お金を貯めるために自分を殺すのではなく、手持ちのお金を使って自分の時間を買い戻したら？

まさにそのとき、私は自分を救うことになる考え方を発見しました。それこそフリーダムマインドです。

お金ではなく自由こそが最も重要だという考え方

フリーダムマインドはお金ではなく、自由こそが最も重要だという考え方です。生活のニーズが満たされた後は、お金をためこむのではなく、自分の時間を取り戻すことが重要なのです。

自分のお金を銀行口座に寝かしておいたり、巨額の住宅ローンに使うのではなく、お金を継続的に生み出すようなやり方で投資したらどうなるでしょう?。元本を毀損することなく、投資から「収入」を得ることができたら？

さらに、その投資からの収入が、あなたの生活費を十分に賄えたら？

あなたは二度と働く必要がありません。

もちろん、働きたければ働き続けることもできますが、上司から1日16時間働いて、二度と家族に会うなと言われたら？

あなたは、おそらく「ファック・オフ（消え失せろ）！」と言えるでしょう。

仮に上司から解雇されても？　あなたは手厚い解雇手当をもらってそれを貯蓄に加え、沈み行く夕日に向かって車を飛ばし、狂ったように高笑いすることができるのです。

これだ、これならやってみたい。私は人に「ファック・オフ！」と言うのは大好きです。

私はビジネス書をすべてベッドの下にしまい、リサーチの対象を全く異なるテーマであるリタイアに変更しました。

退職プランとは、65歳で仕事を辞めた後もあなたの資金が亡くなるまで底をつかないようにするためのプロセスです。私は退職年齢とは遠く離れていたので一度も考えたことがありませんでしたが、私の好奇心には火がつきました。退職プランナーはどうやって、あなたの資金を持続させてくれるのでしょうか？　65歳に満たない人にも、その戦略は果たして有効なのでしょうか？

その答えは、イエスでした。有効なのです。

そのカギを握るのが、ある魔法の数字でした。その数字が、まさしく私の人生を救ってくれたのです。

4パーセントルールとは?

4パーセントルールは、退職プランと経済理論を研究したトリニティ大学における論文が基になっています。[1] 著者は記録が残っている株式市場と債券市場の価格データを用いて、あるシミュレーションを行いました。一定額の貯蓄を持っている退職者がポートフォリオから毎年、一定割合の金額を引き出しつつ、残りの資金をそのまま投資しておいた場合、ポートフォリオがどうなるのかを調べたのです。元本に手をつけることなく老後を全うできる退職者の数と、一文なしになって空のキャットフードの缶に囲まれた路地でひとりぼっちで亡くなる（すいません、そこまで細かい描写はありません）退職者の数を数えたのです。

1975年にリタイアしたアレンという男性を想像してください。アレンは50万ドルの貯蓄を持っており、毎年の生活費が5万ドルです。つまり、アレンの引き出し率は10パーセントとなります。彼は資金を株式市場に投じ、その年の生活費のために毎年1月に資産の一部を売却します。彼の資金は亡くなるまで持続するでしょうか？　それともいつか底をついてしまうでしょうか?

1982年にリタイアしたベティーもいます。ベティーの資産は65万ドルで、毎年の生活費は2万6000ドルです。つまり、彼女の引き出し率は4パーセントです。彼女も株式市場に

100人の退職者のポートフォリオの推移

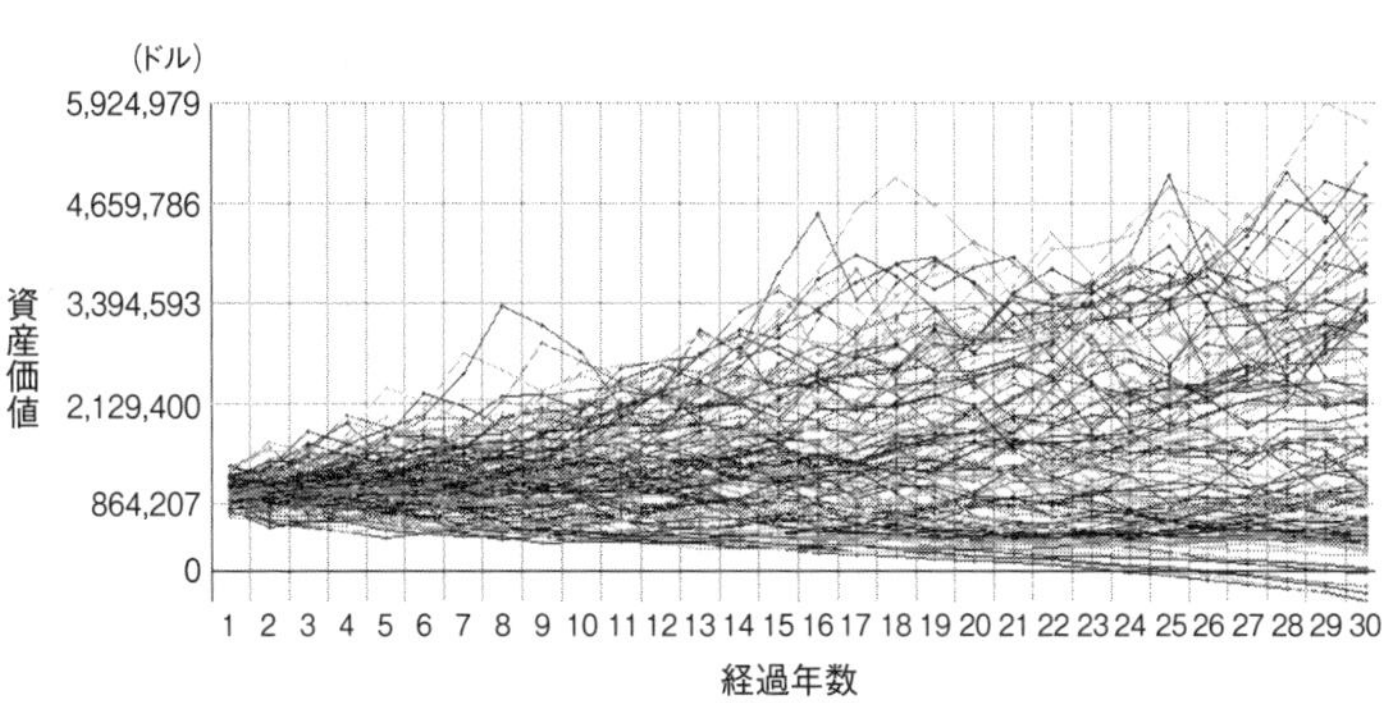

資金を投じ、毎年必要な分のお金を引き出します。彼女の資金は亡くなるまで持続するでしょうか？

何時間も計算機と格闘して（もしくは、貧しい大学院生に作業をやらせて）、研究者たちはその答え、95パーセントの成功率を誇る引き出し率を割り出しました。つまり、100人の退職者のうち95人が一文なしになることなく、老後を最後まで全うできる引き出し率です。上のグラフがその100人の退職者を表しています（FIRECalc.comのツールを使いました）。

それぞれの線が100人の退職者のポートフォリオの推移を表しています。リタイアした時期はそれぞれ異なります。横軸の太い線は、退職者の貯蓄が底をついたことを表す境界線です。縦軸はその人のポートフォリオの金額で、毎年ポートフォリオの4パーセント（インフレ調整済み）を引き出します。横軸の太い線を割り込んだ人が一文なしになった退職者で、割り込まなかった人は貯蓄が最後まで持ちこたえた退職者です。20人のうち19

人（95パーセント）は、亡くなるまでポートフォリオの元本には手をつけませんでした。実際、ほとんどの退職者はリタイア直後よりもお金が増えていたのです！　研究者たちは４パーセントが合理的な安全引き出し率、ＳＷＲ（Safe Withdrawal Rate）だと結論づけました。

つまり、ポートフォリオの４パーセントの資金で１年間の生活費を賄えれば、貯蓄が30年以上持続する可能性が95パーセントだということです！　そうなった時点で、あなたは働く必要がなくなるのです。上司に中指を立て、ボンゴ［ラテン音楽に用いる小型太鼓］のように彼の頭を叩き、栄光の宇宙船に乗って飛び立つことができるのです！

これを読んだとき、私の頭はほぼ爆発しかけました。早期リタイアして、嫌いな仕事から永遠におさらばするために必要な金額を計算するには、単純に年間の生活費に25をかければいいのです。それで目標とすべきポートフォリオの規模がわかるのです（年間生活費を４パーセントで割るという計算は、25をかけるという計算と同じです）。

これは最初の出発点としてはすばらしいですが、まだ完璧ではありませんでした。この研究は30年分の資金が必要となる65歳でリタイアする人を対象になされたものです。私は30代でリタイアするので、もっと長い時間軸が必要となります。老後生活が頓挫してしまった不幸な５パーセントのひとりにはなりたくありません。幸いなことに、「終わりなき再リタイア」［リタイアを何度も繰り返すという意味］と私が名づけたプロセスを利用することで、リタイア後の期間がどんなに長くてもこの法則が応用できることがわかりました。このプロセスについては第13

章で説明します。また第11章では、5パーセントの失敗の可能性を排除するためにプライスと私が考案した利回りシールドという解決策についてお話しするつもりです。

4パーセントルールの発見は、誇張なしで私の人生を救ってくれました。私に努力すべき目標を与えてくれたのです。もはや嫌いな仕事を永遠に続ける必要はありません。ゴールが視野に入ったのです！　私たちの生活費（年間およそ4万ドル）に25をかけると、目標とするポートフォリオは100万ドルになります。それだけあれば私は牢獄のようなオフィスの仕切られたデスクから抜け出し、沈み行く夕日に向かって車を走らせることができるのです。

もちろん100万ドルは小さな額ではありません。私たちは夫婦ともにコンピュータ・エンジニアリングの学位を持っており、ふたり合わせた税引き後年収は働き始めた当初から12万5000ドルでした（もしあなたの年収が遠く及ばなくても気にしないでください。それでも経済的自立には到達できることを第17章で詳しくお話しします）。私の欠乏マインドが功を奏し、私たちは年収の大半を貯蓄にまわしていましたが、目標とするポートフォリオに到達するにはどれくらいの年数がかかるのでしょうか？

どうしてお金＝時間なのか？

リタイアまでの期間は、あなたの年収に左右されるわけではありません。あなたの貯蓄に左

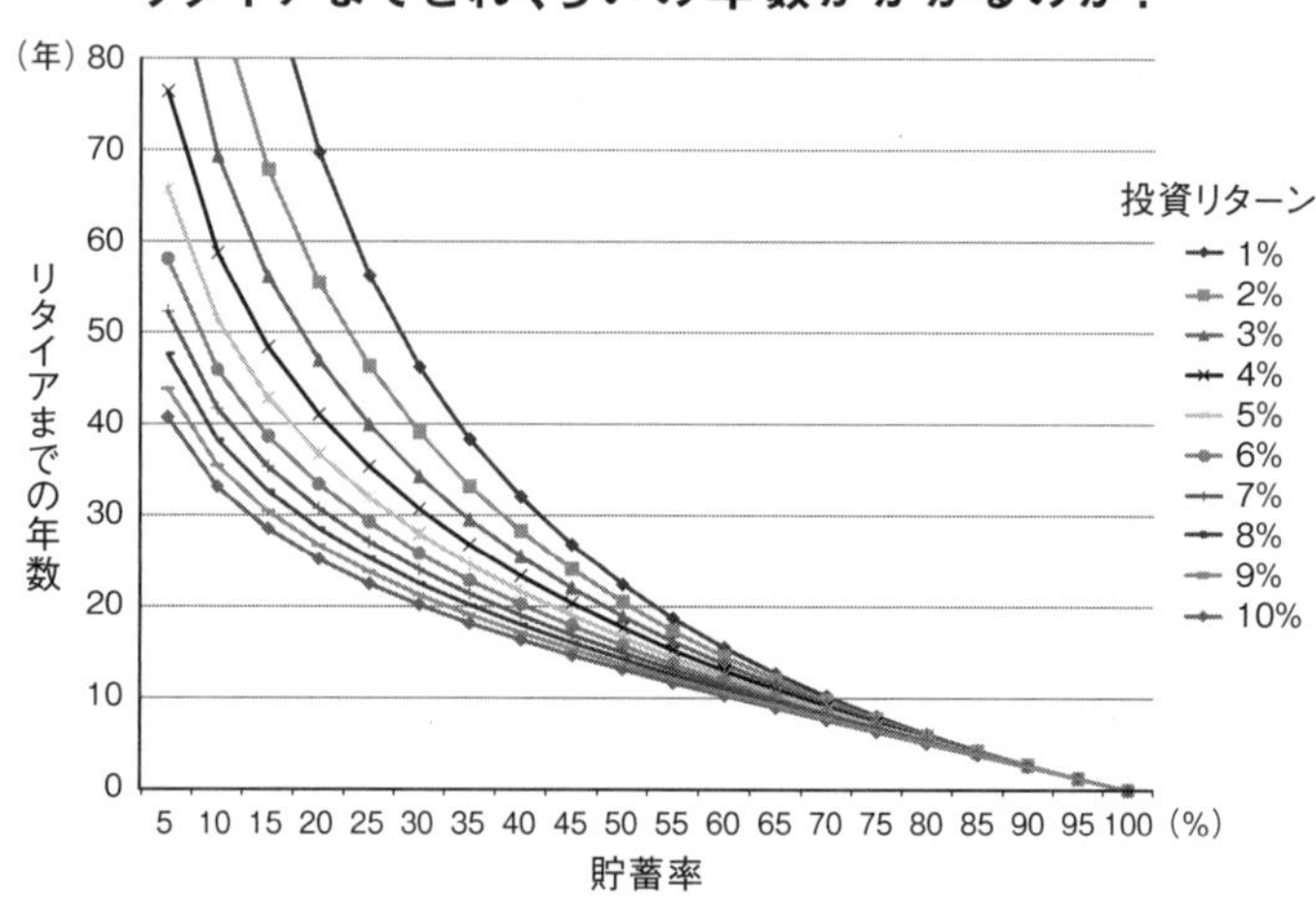

右されるのです。これは直感的にわかると思います。年収１００万ドルでも年に１００万ドル使えば、あなたは決してリタイアすることができません。生活費の１００パーセントを仕事に頼っているからです。蛇口を閉めればそれで終わりです。全く貯蓄にまわしていないのです。

一方、年収４万ドルでも年に３万ドルしか使わなければ、あなたはゲームで先行できます。年収だけ立派なミリオネアの貯蓄率はゼロですが、そこそこの収入の人の貯蓄率は25パーセントになるというわけです。

貯蓄率を基準にリタイアまでどれくらいの年数がかかるのかをプロットすると、上のグラフのようになります。

これは私が根拠なくでっち上げたグラフではありません。４パーセントルールを基につくられたグラフであり、計算の導出過程を補足Aに載せているので、データオタクの人はぜひ参照してみてください。
このグラフでは横軸があなたの貯蓄率となっており、5～100パーセントの幅がありま す。縦軸はリタイアまでの年数で、貯蓄金額ゼロから始めたと仮定しています。それぞれの曲線があなたの退職金ポートフォリオの異なる年間リターンを表しており、1～10パーセントの幅があります。

米国人の平均貯蓄率は5～10パーセントです[2]。もし投資ポートフォリオのリターンが年間6～7パーセントであれば、リタイアまでの年数は40～50年になることがグラフから見て取れると思います。リタイアの年齢が「通常の」65歳の人がこれに当たります。

このグラフからは、いくつか興味深い点が読み取れます。

第一に、収入がどこにも見当たりません。つまり、あなたの年収が5万ドルであろうが50万ドルであろうが関係ないのです。重要なのはあなたの貯蓄率だけです。

二番目に、曲線の形です。曲線を見てわかるのは、あなたは貯蓄率を上げる際に2つのことをしているということです。生活費を下げ（目標とするポートフォリオの規模を縮小します）、投資金額を増やしています。つまり、より速く走りつつ、ゴールラインを近づけているということです。これによって式が対数になり、直線ではなく曲線がつくられるのです。さらに、貯蓄率の小さな変化がリタイアまでの年数に驚くほど大きなインパクトをもたらすことになります。特に、グラフの左側に顕著に表れています。貯蓄率を10パーセントから15パーセントに引き上げるだけで、働く年数が5年以上も短くなるのです！

三番目に、投資リターンの違いを表すそれぞれの曲線は左側では間隔が大きくなり、右側で収束するということです。第8章で、運用手数料のわずかな違いが長期的にはあなたの資産に大きな影響を与えることを説明しました。まさに同じ効果です。もし貯蓄率が低く、リタイアまでの期間が長い（40年以上）場合、複利効果によってリターンの違いがリタイアまでの年数に大きな影響を与えます。つまり、左側の人にとっては、ポートフォリオを適切に運用することが極めて重要になってくるということです。

これらの人々にとっては、ポートフォリオのリターンが6パーセントから4パーセントに下がるだけで、リタイアまでの年数が最長10年遅れる可能性があります。逆に右側の人（超貯蓄型の人）にとっては、運用パフォーマンスはリタイアまでの期間にそれほど影響を与えません。お金を貯める能力が極めて高いため、リターンが小さくても影響が相殺されるのです。

これは極めて重要なポイントです。過去に大きな経済問題を抱えていても、まだ全く貯蓄がない40代、50代の読者でも、これから貯蓄を大幅に増やすことで過去の穴埋めができるのです。純資産ゼロで始めても、明日から収入の6〜7割を貯蓄にまわせば、およそ10年後にはリタイアできます（大きな数字に聞こえるのはわかりますし、実際に大きい数字ですが、第17章で貯蓄を増やす戦略についてお話しします）。貯蓄率と比較すると投資リターンはそれほど大きな影響がありません。預金口座にどんどんお金を貯めていけば、あなたはまだ勝つことができるのです。

フリーダムマインド

これこそがフリーダムマインドです。生きるか死ぬかの状況ではなくなったとき、お金を使って自由を買うことができます。あなたが貯蓄のやり方さえ知っていればですが。4パーセントルールで計算した目標とするポートフォリオの金額に到達すれば、あなたはもはや働く必要はないのです。その瞬間、あなたは経済的に自立します。オフィスの仕切られたデスクの中を二度と見る必要がなくなるのです。

この事実を発見したとき、私はめまいを覚えました。自分がグラフの左側よりも右側に近いのではないかと思えていたのです。私は欠乏マインドのおかげで、貯蓄に取りつかれていました。ブランドもののハンドバッグの衝動買いをした時期もありましたが、普段は服を買うことすらめったにありません。ぜいたくなものも持っていませんでした。住宅の頭金を貯めようと、ずっと小さなワンベッドルームの部屋に住み続けていました。

その夜、自分の支出を細かく記録しておくために作成したスプレッドシートをじっくり見直しました。ブライスはいつもやりすぎだと思っていましたが、このおかげで過去を振り返って貯蓄率を計算することができたのです。私たちのそれまでの貯蓄率は、52〜78パーセントであることがわかりました。初年度が12万5０００ドルだった税引き後年収から、たったの6年で

50万ドル貯めたのです。幸いなことに、そのお金を住宅には投資していませんでした。

つまり私たちは働き始めてから、気づかないうちに9年でリタイアできる道を歩んでいたのです。計算通りに行けば、リタイアまでたった残り3年です。

その夜ブライスが帰ってきたとき、私は玄関で彼にこう言いました。

「ねぇ、私たち30代でリタイアできるわよ」

第10章の要点

▼もはや貧困ではなくなったとき、欠乏マインドは欠点になります。必要以上に不安ばかりをあおる、ためこみマインドに成り下がってしまうのです。
▼フリーダムマインドによって考え方が変わり、お金で自分の時間が買えることに気づきます。
▼4パーセントルールとは、もし1年間の生活費が投資ポートフォリオの4パーセントと等しい金額であれば、リタイアしても95パーセントの確率で30年以上にわたり老後資金が底をつかないという法則です。
▼あなたがリタイアできるタイミングを決める唯一最大の要因は貯蓄率です。年収ではありません。

第11章 現金クッションと利回りシールド

これまでに述べてきたような経緯で、嫌いな仕事をしながら職場のデスクで死ぬことを恐れていた私は、生活のために働く必要がなくなる可能性について真剣に考えるようになりました。数十年ではなく3年でそれが達成できるかもしれないと考えると、全身にものすごい活力がみなぎり、私は数週間、部屋の中で浮かれまわっていました。

ただ、いまのところ、まだ理論上の話にすぎません。私は机の上に大量の論文を積み上げ、ホワイトボードには数式をなぐり書きしていました。1960年代にはNASAがまさに同じように大量の論文やホワイトボードの数式と格闘していました。理論をもとにして、実際に月に着陸するロケットをつくるのは途方もないチャレンジであり、成しとげるのに10年の年月を要しました。

私の予測に従えば、私たちの貯蓄は２０１５年に経済的自立（若者の間ではＦＩと呼ばれています）を達成できる目標額に到達します。つまり、そのころまでに、ホワイトボードの数式をもとに乗り込んでも十分に安心と思える宇宙船をつくらなければなりません。そのためには、次のような厄介ではあるものの重要な疑問に対する答えを用意しなければならないのです。上司のオフィスに行って、彼に辞表を渡す瞬間を夢で見たいと思っていた私でしたが、これらの疑問のせいでぐっすりと眠ることができませんでした。

私がリタイアした直後に株式市場が暴落したらどうなるのか？

仕事をしなければ、人生の余った時間を何に使うのか？

保険はどうするのか？

子どもは？

ホワイトボードには、これらの懸念に対する答えがいっさい書かれていません。私のこれまでのやり方が通用しないことが、精神的な負担になっていました。私は解決策のわからない問題に直面したとき、ほかの人（信頼できて賢いと思える人）が何をしたのかをまず確認します。もしくは本やブログ、学術論文に当たってみます。ところが今回は、私と全く同じ状況にいる人がどこにも見当たりませんでした。まねできる人がいなかったのです。

誤解してほしくないのですが、一般的な人よりも何十年も早くリタイアした人は世の中にたくさんいます。数百万ドル規模の会社を立ち上げた人もいれば、２００８年の世界金融危機のときに安く仕込んだ投資用不動産を貸し出して、その家賃収入を老後の資金に充てている人もいます。ただ、30歳でリタイアした人が医療保険や子どもをどうしたのか教えてくれる情報は皆無でした。リタイアした次の日に株式市場が25パーセント暴落したときにはどうすべきか？　仕事以外に人生の意義をどうやって見つけ出すのか？　こうした疑問に答える研究もありませんでした。私たちは自力で答えを見つけ出さなければならなかったのです。

もはや驚かないかもしれませんが、またしても救ってくれたのはブライスでした。

私は生まれつき保守的でリスク回避志向です。私は決してまわりに流されるタイプの人間ではありません（家を買うことについてもそうですが、まわりの人が間違っていると思えば彼らにはついていきません）が、何か恐ろしいこと、先が見えないことがあれば、喜んで道を譲って、ほかの誰かに最初に挑戦してもらいます。全体主義の国からきたため、それが生存本能なのです。そのおかげで家族も私も生き延びてきました。

ブライスはその反対です。彼は岩山を登り、スキーで斜面を急滑降するなど、常人の域を超えていると思えるようなことをして育ちました。自信満々で危険な状況に飛び込み、何とか無事に帰ってくるのです。楽観主義者と悲観主義者。うまくやるためには完璧なチームでした。

私がこれらの疑問を提起したとき、ブライスは「4パーセントルールに従い、支出さえコントロールすれば問題ない」と断言しました。

それに対して私は、「じゃ、私たちがリタイアした直後に数年間の下落相場がきたらどうするの？」と訊き返しました。

するとと、ブライスはホワイトボードに小走りで戻って行きました。

結論を言うと、私たちは実際に問題を解決しました。3年かかりましたが、満足できる柔軟な解決策を編み出したのです。それは、私のすべての疑問に答えるものでした。

これまでは、欠乏マインドを育んだおかげで、私がいかに人々が犯しがちなお金に関する大きな過ち（間違ったキャリアを選ぶ、借金にはまるなど）を回避してきたのか、中産階級から富裕層に成り上がるために、どのようにお金持ちから様々な教訓を学んできたのかを説明しました。

ここからは、人々が30代で仕事を辞めようとする際に直面する問題に対する解決策についてお話しします。3年後、私たちは破産しなかったどころか、純資産が（2015年の石油危機のときに、資金を一部引き出したにもかかわらず）130万ドルまで増えました。

つまり、私たちは宇宙船を完成させたのです。

4パーセントルールの大きな問題点

4パーセントルールの最も大きな問題点は、必ずしも成功が保証されていないということです。インフレ率を調整した上で毎年ポートフォリオから4パーセントの資金を引き出しても、

95パーセントの確率で30年間ポートフォリオの資金は底をつかないというのが4パーセントルールの正式な定義となっています。

言い換えると、4パーセントルールに従ってリタイアしている人の5パーセントは失敗する、つまりリタイア後のどこかの時点で資金が底をつくということです。

すべてが運に左右されます。もしあなたが好景気の直前にリタイアすれば、最初に10年間の上昇相場、その後に5年間の下落相場を経験するかもしれません。最初の10年間でかなりの収益を上げているため、下落相場の間の損失も開き直ることができます。ところが不景気の直前にリタイアしてしまうと、風景はガラリと変わります。ポートフォリオが大きく目減りしていくのを横目に見ながら、さらに生活費のためにお金を引き出すのです。

これこそが最悪のシナリオです。個別銘柄とは違い、インデックスファンドがゼロになることはありません。そのため下落相場が始まっても、待つこと（もしくは買い増すこと）が正しいことです。絶対にやってはいけないことが売ることです。ただリタイアしている場合、どこかの時点で資産を売ってお金に換えなければなりません。そうするとポートフォリオを大きく毀損してしまい、回復局面に入っても資金を取り戻せません。あなたは窮地に陥る5パーセントの退職者のひとりになってしまうのです。

この2つのシナリオの唯一の違いは、リターンを得る順序（シークエンス）だけです。そのためファイナンシャル・プランニングの世界では、シークエンス・オブ・リターン・リスクと呼ばれています。ある特定の時期の株式市場のパフォーマンスを予測することはできません。だからと言って、神に祈り、自分が退職者の95パーセントに入ることを願うだけでいいのでしょうか？　その勝率でかまわないという人もいるかもしれませんが、悲観論者である私はそうではありません。

この問題を解決するために、私たちは2つの戦術から成る体系的な方法を編み出しました。**現金クッションと利回りシールドです。**

改めて言いますが、早期退職者にとって株式市場の暴落がもたらす最大のリスクは、株価が急落しているときに資産を売却しなければならないことです。それをすると損失が確定してしまい、次に必ずくる回復局面で資金を取り戻すために必要な手持ち資産の保有数量が少なくなるのです。理論上は、戦略は極めてシンプルです。下落しているときに売ってはいけません。ただこれは言うは易く行うは難しです。もしあなたがまだ仕事でお金を稼いでいれば問題ありません。不安をあおる新聞の見出しを無視して、資産を売らずに可能であれば買い増しましょう。私たちはそのようにして、２００８年の株式市場の暴落を資金を失うことなく乗り切りました。ただ、もしあなたが完全にリタイアしており、食費でさえポートフォリオから引き出したお金に頼っている場合、その選択肢はありません。

こんなときに役に立つのが現金クッションです。現金クッションとは、金利の高い預金口座に貯めておく現金のことです。下落相場になったときに、この現金を緊急時用の資金として活用すれば、生活費のために資産を売却する必要がなくなるのです。準備金のようなものです。

どれくらいの現金クッションが必要なのかを把握するために、私は過去に株式市場が暴落から立ち直るのにどれくらいの年数がかかったのかをさかのぼって調べました。年数の中央値は2年であることがわかりました。世界恐慌（史上最悪のケース）のときには、配当を考慮に入れておよそ5年かかりました。２００８年の金融危機のときには2年かかりました。つまり、５年分の現金クッションさえあれば、どんな嵐も乗り越えられるということです。

年間の生活費が4万ドルの人が早期リタイアしようとしている場合、単純に4万ドル×５＝20万ドルの現金クッションが必要だと思うかもしれません。ただ、これは用意するにはかなり大きな金額です。

朗報です。実際に必要な金額はそれよりもずいぶん少なくて済みます。もう１つの戦術、利回りシールドがあるからです。

どのようなＥＴＦにも分配金（保有しているＥＴＦ1単位につき支払われるお金）があります。通常は毎月、もしくは四半期に一度支払われます。債券ＥＴＦの場合、これは組み入れられている債券が支払う毎月の利子です。株式ＥＴＦの場合、会社が株主に支払う配当が原資になっています。

運用会社がそれぞれのＥＴＦに対して１口当たりの分配金として支払います。例えば、毎月

1口当たり0・03ドルが支払われ、18ドルで取引されているETFの場合、分配金利回りは次のような計算になります。

0・03ドル×12／18ドル＝2％

それぞれのETFにこうした利回りがあり、あなたのポートフォリオは複数のETFで構成されているため、あなたのポートフォリオにも利回りがあります。ETFが毎月分配金を支払うごとに、利回りはどんどん貯まっていきます。証券口座で分配金を自動的に再投資する設定をしていない限り、この利回りは余剰資金となります。

株式市場が上昇していても下落していても、分配金は支払われます。そのお金を手にするには、単に当座預金口座に移してください。株式市場の動きに左右されるポートフォリオの資産価値とは違い、分配金はETFを買った時点で必ず支払われるものです。だからこそ貴重な収益なのです。ポートフォリオ全体の価値が下がっても、分配金利回りはほとんど変わりません（補足Cを参照してください）。つまり、100万ドルのポートフォリオに対する利回りが3・5パーセント、もしくは3万5000ドルであれば、下落相場でポートフォリオの価値が90万ドルに下がっても、利回りは変わらず3万5000ドルのままです。

リタイア後に資金が底をつく5パーセントのひとりになるリスクが最も高いのは、下落相場で資産を売却してしまったときであることは覚えているでしょう。ただ、下落相場のときに余剰資金を活用できれば、資産を売却する必要はありません。分配金については口座から引き出して使っても安全です。

ポートフォリオの分配金利回り（配当＋利子）を計算に入れると、あなたに必要な現金クッションは次のような計算になります。

現金クッション＝（年間支出－年間利回り）×年数

ブライスと私がリタイアに向けて用意したポートフォリオを思い出してください（142ページ）。

それぞれのETFの分配金利回りは、次ページの表のようになります。

ポートフォリオ全体で見ると、分配金利回りは2・5パーセントです。つまり、年間の生活費が4万ドルでポートフォリオの規模が100万ドル（4パーセントルールに基いて計算）の退職者の場合、必要な現金クッションは次のような計算になります。

｛4万ドル－（100万ドル×2・5％）｝×5＝7万5000ドル

私のポートフォリオと利回り

名前	アロケーション	利回り
債券	40%	3%
カナダ株式インデックス	20%	2.5%
米国株式インデックス	20%	1.75%
EAFE株式インデックス	20%	2.5%

もともと必要だと考えていた20万ドルよりはずいぶん少ない金額です。ただ、7万5000ドルでもFI（経済的自立）に必要な資金にさらに上乗せして貯めるには、ずいぶん大きな金額です。私はもっと減らす方法がないか検討してみました。

その結果、利回りシールドという戦術にたどり着きました。利回りシールドとは、一時的にポートフォリオの資産の中心を高利回り資産に置き換えるという戦術です。「一時的に」というキーワードに注目してください。長期的には、あなたの投資ポートフォリオは低コストのインデックスファンドを中心に構成するべきです。どうしてかと言うと、それが、トリニティ大学の研究がなされた前提条件だからです。その前提条件からあまりに離れすぎると、4パーセントルール自体が破綻してしまいます。ただ、リタイア直後の最初の5年間だけ利回りシールドをつくることで、4パーセントルールにつきまとう最も大きな問題を解決できるのです。

最初に、すでにあなたのポートフォリオに入っている資産と類似した高利回り資産を選んでください。それからポートフォリオの利回りを上げるために、戦略的にこれまでの資産を高利回り資産に置き換えていくのです。ポートフォリオのボラティリティも上がりますが、このプロセスでは高いボラティリティと引き換えに高い利回りを手に入れているのです。

資金が途中で底をつく5パーセントの人が失敗した原因は、リタイア直後の最初の5年にあります。その危険性の高い期間に下落相場がきても、資産を売却する必要がないように備えておくことが大切なのです。5年間だけ利回りシールドをつくって身を守りましょう。最初の5年を無事に乗り切れば、亡くなるまで資金が持続するという自信が持てるはずです。

では、どの高利回り資産を使って利回りシールドをつくればいいのでしょうか？

優先株

まずは、優先株です。優先株は株式と債券をかけ合わせたような金融資産です。普通株と同じように株式市場で取引されていますが、普通株とは違って議決権がありません。会社を所有する目的の資産ではないのです。実際、企業側から見るとほとんど債券と同じような位置づけで、資金調達の手段として優先株を発行します。ただ債券と比べると、支払いの優先順位が低いです。会社の手元に十分な現金がないとき、まず最初に未払いになるのが普通株の配当で、続いて優先株、最後に債券という順番になります。つまり、企業の資金繰りが厳しいとき、優

代表的な優先株インデックスのETF

名前	国	ティッカー
iShares S & P/ TSX North American Preferred Stock Index	カナダ	XPF
iShares US Preferred Stock	米国	PFF
PowerShares Preferred Portfolio	米国	PGX

先株の保有者は債券保有者よりは資金の分配が後まわしにされますが、普通株の保有者よりは優先されます。

そのような欠点を補う形で、優先株の利回りはずいぶん高く設定されています。株式インデックスの利回りは2パーセントですが、優先株の利回りは4～6パーセントにもなります。ボラティリティは債券よりも高いですが、株式よりは低いです。つまり、ボラティリティを極端に上げることなく利回りを上げられるのです。

私は個別銘柄は買わない方がいいとアドバイスしましたが、優先株にも同じことが言えます。優先株は個別で保有するとなると複雑です。同じ会社から発行されたものでもいろいろな種類があるからです。累積型［ある期に支払われなかった配当の未払い分が次期以降に支払われる可能性があるもの］と非累積型、普通株に転換できるものとできないもの、固定金利と変動金利のものがあります。ここですべての用語を定義するのは本書の範疇を超えていますが、私は株式と同様に優先株もインデックスＥＴＦの形で保有することをお勧めします。そうすれば、個々の銘柄の詳細について頭を悩ませることなく市場全体を保有できるからです。

参考として、優先株インデックスに投資しているＥＴＦをいくつか挙げておきます。

私が利回りシールドをつくるときに買ったファンドはＸＰＦです。ほかにも米国の類似商品を買いました。実際に購入する前に、有資格のファイナンシャル・アドバイザーに相談しましょう。

不動産投資信託（ＲＥＩＴ）

私の不動産嫌いを知っている読者の方は、私が不動産を所有していると知って驚かれたかもしれません。ただ、ほかの人とは所有の仕方が違います。

不動産投資信託、つまりＲＥＩＴとは、不動産を所有・運用している投資法人です。ただ、高値で売り抜けることを目的に所有しているわけではありません。オフィスビル、ショッピングモール、老人ホーム、アパートといった投資用不動産を所有・運用しているのです。ＲＥＩＴはそれらの不動産を買い、テナントを探し、日々の管理を任せる人を雇います。毎月家賃を集め、利益を投資主に還元します。

ＲＥＩＴは投資家に分配金をもたらすためにつくられたので、利回りは株式市場よりも高いです。さらに、ＲＥＩＴの保有には特有の楽しみもあります。ＲＥＩＴは米国とカナダにある

REITの代表的なETF

名前	国	ティッカー
iShares S & P/ TSX Capped REIT Index	カナダ	XRE
iShares Core US REIT	米国	USRT

多くの商業ビルを所有しているため、個々の不動産を調べれば、あなたの好きなショッピングモールや映画館、もしくはあなたが働いているビルも見つかるかもしれません。REITを保有することで、それらのビルの一部の所有者になれるのです！

優先株と同じで、インデックスの形でREITを保有することも可能です。つまり、個々の商品を選別するのではなく、セクター全体を保有できるのです。参考として、いくつかREITのETFを挙げておきます。

ちなみに、私が保有していたファンドはXREです。

社債

名前が示唆するように、社債は国債と似ていますが、発行主体が政府ではなく企業です。優先株と同様に資金調達目的で発行されますが、債務の序列としては債券は支払いが最も優先されます。企業の手元に現金があるときは、債券保有者に最初に利子が支払われます。次が優先株の配当で、普通株への配当はその後です。そのため、社債は優先株よりは安全で、国債よりはリスクがあると考えられています。結局、企業の方が政府よりも資金不足に陥りやすいからです。社債は国債よりもボラティリティが高いため、利回りも高くなり、およそ1～2パーセントです。

では、社債と高利回り債の区別について説明します。ムーディーズやスタンダード・アンド・プアーズ（Ｓ＆Ｐ）などの格づけ機関は企業の財務健全性に基いて社債を評価し、格づけを与えます。高校の成績のように、Ａはすばらしく、Ｂはまあまあで、Ｃはひどいです。ＡＡはＡよりもすばらしく、ＡＡＡが最高の格づけ（基本的にリスクゼロ）となります。「社債」という言葉には「投資適格」、つまり（Ｓ＆Ｐの格づけを使えば）ＢＢＢ－、もしくはそれよりも高い格づけの債券であることが示唆されています。それ以下の格づけの債券が「高利回り」債、つまりちょっと汚い言葉を使うと「ジャンク」債と見なされます。

私はジャンク債を保有していましたが、非常にボラティリティが大きかったです。利回りは国債を大きく上まわりますが、価格が激しく変動します。空運や石油、鉱業、テクノロジーなどの業種の会社が含まれており、利回りは高くても株式のように価格が変動するのです。私は最終的にはあまりお勧めしません。投資適格の資産だけに投資しましょう。

この市場に連動するＥＴＦをいくつか挙げておきます。

ちなみに、私はＸＣＢを保有していました。

社債の代表的なETF

名前	国	ティッカー
Vanguard Total Corporate Bond	米国	VTC
iShares Canadian Corporate Bond	カナダ	XCB

高配当株の代表的なETF

名前	国	ティッカー
Vanguard High Dividend Yield	米国	VYM
iShares Canadian Select Dividend	カナダ	XDV
iShares International Select Dividend	世界中	IDV

高配当株

最後に高配当株です。高配当株とは平均よりも配当の高い普通株のことです。通常、事業に成功して広く周知されていますが、成長の余地が限られる飽和市場で営業活動をする大企業です。ジョンソン・エンド・ジョンソンやコカ・コーラを思い浮かべるといいと思います。

テクノロジー系のベンチャー企業など若くて成長率の高い企業であれば通常、稼いだ利益を事業の拡大に再投資したり、新しく人を雇ったり、工場を増設したりするのに使います。ところがコカ・コーラなどの成熟企業の場合、稼いだ利益の使い道がないという問題に直面します。リスクが高かったり、投機的な事業に投資するよりは、稼いだお金を株主に還元する傾向にあるのです。

あなたもその株主のひとりになりたくありま

せんか？

この市場に連動するETFをいくつか挙げておきます。

ちなみに、私はXDVを保有していました。

すべてまとめると

これまでに挙げた資産が利回りシールドの4本柱です。それでは、ここでまとめに入りましょう。これら4本柱をあなたがすでに保有している資産と突き合わせ、似ている資産同士を置き換えていきましょう。確かにポートフォリオのボラティリティは大きくなりますが、ボラティリティに慣れる練習にもなります。ポートフォリオの価値が大きく変動しても、余剰現金の形で安定的な利回りを確保できるので、生活費のために資産を売却する必要はありません。

これは私の早期リタイアのプランに大きな影響を与えました。

この作業をする理由は、退職プランに失敗する5パーセントのひとりになるリスクを極力抑えることにあります。資産の一部を高利回り資産に置き換えることで、利回りシールドを強化するのです。その結果、現金クッションとして必要な資金は抑えられます。以下の公式を覚えてください。

利回りシールドを強化した私のポートフォリオ

名前	アロケーション	利回り
債券	**40%**	**4.4%**
国債	10%	3%
社債	10%	3.5%
優先株	20%	5.6%
カナダ株式インデックス	**20%**	**4.4%**
TSX	5%	2.5%
高配当株	5%	3.5%
REIT	10%	5.75%
米国株式インデックス	**20%**	**1.75%**
EAFE株式インデックス	**20%**	**2.5%**
合計	**100%**	**3.5%**

現金クッション＝（年間支出－年間利回り）×年数

184ページの表が私の当初のポートフォリオです。

利回りシールドを強化したことで、私のポートフォリオは上の表のようになりました。

表の利回りは私が利回りシールドを強化した時点の数字であり、あなたのときには変わっている可能性もあります。

新しいポートフォリオの利回りを見てください。何と3・5パーセントです！その結果、私の現金クッションの規模がどうなったのか見ていきましょう。

現金クッション＝（4万ドル－3万50

00ドル）×5＝2万5000ドル

一時的に資産を置き換えることで、私の現金クッションの額は20万ドルからたったの2万5000ドルに減りました。利回りシールドを強化したポートフォリオの詳細と2008年のパフォーマンスについては、補足Cを参照してください。

ブライスと私は、ふたりの生活費を4万ドルと見積もりました。つまり、FIのために必要な金額は100万ドルとなります。

100万ドルという数字を聞くと、途方もない金額のように聞こえるかもしれません。私にはそう聞こえました。ところが私はPOTスコアの高い仕事を選び、欠乏マインドのおかげで支出の最適化ができ、さらに（ここが最も重要です）不当に高い持ち家にも手を出していなかったため、9年間働いただけでその金額に到達できそうでした。

ある日、ブライスが私の職場に電話をかけてきました。特別な日のために、おしゃれなレストランの予約を入れておいたと言うのです。特別な日？　私には心当たりがありませんでした。私の誕生日ではありません。私たちの記念日でもありません。ただ、私のお気に入りのレストランだったので、私は調子を合わせました。

レストランでの食事を終えた後、ブライスから何枚かの紙を手渡されました。私たちの銀行の明細書です。1枚目の紙には付箋が貼られていました。「TOTAL（総額）」という文字がマーカーペンで走り書きされ、ある数字の上に貼られています。

私はその数字を見てぽかんと口を開けた後、彼を見上げました。

「ホントに？」

ブライスはにっこり笑い、シャンペンの入ったグラスを持ち上げました。「おめでとう、ミリオネアの仲間入りだ」

第11章の要点

▼4パーセントルールに従っても、シークエンス・オブ・リターン・リスクとして知られる現象によって、5パーセントの確率で途中で資金が底をつく可能性があります。
▼そのリスクを解消するために、現金クッションと利回りシールドという対策を編み出しました。
・現金クッション：預金口座に入れておく緊急時の準備金のことで、下落相場のときにポートフォリオを取り崩す必要がなくなります。
・利回りシールド：ETFが支払う分配金（配当と利子）のことで、資産を売却することなく現金として手に入ります。
▼資産の一部を高利回り資産に置き換えることで、利回りシールドを強化できます。例え

ば、次のような資産があります。

・優先株
・不動産投資信託（REIT）
・社債
・高配当株

▼現金クッションの規模は次の公式を使って計算できます。

・現金クッション＝（年間支出−年間利回り）×年数

第12章 お金を浮かすために旅行をする

「次の仕事も決まってないのに会社を辞めるの？」

「世界旅行する？　そんなお金、いったいどうやって払うんだ？」

「何で辞めるんだよ？　ここで働くのが嫌なのかい？」

私の同僚には、私が仕事を辞める本当の理由を伝えませんでした。私は弱冠31歳で正式にリタイアするつもりだったのです。ミレニアル世代らしく、「自分探し」のために1年間のギャップイヤーを取るというのが私がこしらえた表向きの理由でした。誰もその言葉を疑いませんでした。

私は何度も計算を繰り返し、４パーセントルールに従えば１００万ドルのポートフォリオで

4万ドルの年間支出をカバーでき、利回りシールドと現金クッションさえ駆使すれば嵐がきても乗り越えられることがわかっていました。ただ、私の頭の中で渦巻く嵐だけは鎮めることができませんでした。数字がゴーサインを出していても、私はまだ恐かったのです。

私の父は吃苦の価値を教えてくれました。良い教育と良い仕事は人生と同じくらい尊いものであると教えてくれました。私はそんな父の教えに背いてしまうのでしょうか？　私は大きな過ちを犯しているのでしょうか？

私は、苦労して1つひとつ宇宙船を組み立ててきました。そしておよそ10年が経ち、宇宙船はついに宇宙に飛び立とうとしています。蓄えが十分でなかったらどうしよう？　大きな過ちを犯しているのでは？　すべて台なしになったらどうするの？

そうした思いが数カ月間、頭から離れませんでした。マンションの家主に引っ越しを知らせるときにも、頭から離れませんでした。大半の持ち物を売却し、荷物を最小限に減らして2つのバックパックにまとめた段階でも、頭から離れませんでした。1年間の世界周遊に旅立つ飛行機に乗るまで、頭から離れなかったのです。

シートベルトを締めて、安全ビデオが機内のスクリーンに映し出される中、私はこんなことだけを考えていました。ついに私の夢が叶おうとしているの？　それとももしかしたら、一生後悔する羽目になるのかしら？

①旅に恋する

医療廃棄物の山の頂上にいたときに、あなたはいつかスイスアルプスの頂上に行くことになると言われたら、「何をバカなことを」と思ったでしょう。ところが、エンゲルベルク［スイス中央部の山岳リゾート］のフューレンアルプに立ち、冠雪した山々や目に痛いほどの緑の牧草、愛らしい様子でうろついている牛をぼーっと見ていると、自分の夢が本当に叶っていることに気づきます。私はバカみたいに高笑いし、頂上で（不思議と）見つけたトランポリンに向かって駆け出しました。跳ねまわり、髪に風を感じ、太陽の光を顔に浴び、「サウンド・オブ・ミュージック」を歌いながら、私はまるで自分が世界の頂点にいるかのように感じました。あながち比喩ではありません。

アルプスでのハイキング以上の経験など思いつきませんでしたが、人生を変えるような経験はどんどんレベルが上がっていきます。新しい経験は常にその前の経験よりすばらしいのです。あり得ないほど青いエーゲ海を見ながら、サントリニ島の岸壁を登りました。アムステルダムの運河沿いを自転車で走りました。ハウス［アイルランドの港町］で海の潮の香りを思いっきり吸い込みました。大阪で神戸牛という食の天国を味わいました。ソウルの銭湯で10年分のストレスを洗い流しました。気が滅入るほどの水に対する恐怖心を克服し、タオ島［タイの島］

でPADIスクーバダイビングのライセンスを取りました。

つまり、私は旅に恋したのです。1年間も旅行すれば、旅行したいという欲求は落ち着くなどという通説は私には当てはまりませんでした。身を粉にして働いた10年間はつまらない時間でした。出社し、退社し、家に帰り、同じことを繰り返す。リタイアする前年に私が携帯電話で撮った写真は2枚だけでした。1年間でたった2枚です。記録に残しておく価値のある思い出がそれだけだったのです。


ところがリタイアした翌年には、私の携帯は写真を撮りすぎてメモリーが足りなくなりました。毎日が新鮮だったのです。私はついに自由の味を知りました。いつまでもそれを味わっていたいと思っています。1年間の世界旅行が終わり、家に帰る飛行機に乗ったとき、私は大きな不安を抱えていました。

ブライスの母親の家に置いてもらっていた昔のベッドに横になりながら、青い空を眺めている籠の中の鳥のように感じました。時差ボケのせいでなかなか眠れません。私は旅行の間に使った通貨（ドル、ユーロ、円）ごとに分けて支出の記録をつけていたラップトップを取り出すと、ブライスを起こさないよう静かにキーボードを叩き、おもむろに支出をすべて足し合わせてみました。

「ウソでしょ？」。私は思わず大きな声を出してしまいました。

「どうしたんだ？」。ブライスがぶつぶつ言います。「何か問題でもあったのかい？」

私は彼の言葉を無視して、あらゆる数字と式を何度も何度も繰り返し確認しました。絶対にウソ。そんなわけない。

「どうした？」。彼は暗がりの中でメガネを手探りしながら、起き上がりました。「何かやらかしたのか？　お金を使いすぎちゃったとか？」

私は首を振りました。

「じゃあ、何だよ」

私はスクリーンを指さしました。総額約4万150カナダドル。

私たちの世界旅行にかかった費用が、家にいるときの生活費と変わらなかったのです。よく考えてみてください。私たちは3大陸、20カ国を訪れました。地球をまるまる1周したのです。私たちが成しとげたことは、この世界でほんのわずかな人にしか与えられていない特権です。その費用がカナダで暮らす生活費と変わらないのです。

ブライスは急に目を覚ましました。私と同じように、頭の中でギアがまわり始めています。

「これが何を意味するのか、わかってるよね？」とブライスは尋ねました。

私はうなずきました。わかっています。

私たちは世界旅行を続けられるのです。永遠に。

世界を旅行するのにかかる費用

ふたり分の旅行保険の費用1750カナダドル（ひとり当たり年間875カナダドル×2）を加えて、合計で年間3万879ドル、つまり4万143カナダドルかかりました。

旅行にはお金がかかるという通説は嘘だったのです。滞在場所をお金のかかる地域（英国、西欧、日本など）とかからない地域（東南アジアなど）に分けることで、1日の支出はひとり当たり平均42ドルで済みました。

Airbnbやホテルに泊まり、外食するときもあれば自炊するときもあります。ボストンでの新鮮な牡蠣やロブスター、タイでの4日間のスクーバダイビングのライセンスコース（宿泊費を入れてひとり当たり250ドル）、カンボジアでのスクーバダイビング（2回のダイビングでひとり当たり80ドル）、スイスアルプスでのハイキング（ひとり当たり87ドル）、日本の神戸牛（ひとり当たり48ドル）など、ときどきぜいたくを織り交ぜても費用はそれだけです！

私たちは東南アジアを旅先に組み入れることで費用を抑えました。東南アジアは気候がすばらしいだけではなく、物価も最高です。例えばタイのチェンマイでは、ジム、サウナ、プールつきの新築マンションでワンベッドルームの部屋を借りました。家賃は月470ドルです。1テーブルに並べられた（そうです、テーブルが料理を数える単位です）できたての蒸した魚介料理の

旅行にかかったコスト

地域	期間	1カ月の費用（米ドル）	1カ月の費用（カナダドル）
北米	1カ月	2,441ドル	3,174ドル
英国	1カ月	3,962ドル	5,150ドル
西欧	1カ月	3,515ドル	4,569ドル
東欧	1カ月	2,657ドル	3,454ドル
アジア	2カ月	3,243ドル +2,376ドル	4,216ドル +3,089ドル
東南アジア	6カ月	2,031ドル +2,057ドル +2,038ドル +1,836ドル +1,674ドル +1,703ドル	2,640ドル +2,675ドル +2,649ドル +2,387ドル +2,176ドル +2,214ドル
合計	12カ月	29,533ドル USD/ year	38,393ドル CAD/ year

訪れた国：20カ国（米国、イングランド、スコットランド、アイルランド、オランダ、デンマーク、ベルギー、ドイツ、スイス、オーストリア、チェコ、ハンガリー、ギリシャ、日本、韓国、シンガポール、マレーシア、タイ、ベトナム、カンボジア）

値段がひとり当たり12ドルでした。チキンパッタイ1皿の値段？　1・25ドルです。1時間のオイルマッサージ？　チップを含めて10ドルです。

年間1万2000～1万5000ドルでまるで女王様のような生活ができると知ってから、私はいつかタイを出国する日がくると考えるだけで憂鬱でした。同じようにベトナム、マレーシア、カンボジアでも、私たちは1つ星の値段で4つ星のライフスタイルが味わえるという経験の虜になりました。

もし世界旅行を計画したいけど、予算が厳しいと思っているのであれば、東南アジアを旅先に加えましょう。東南アジアに滞在する期間が長いほど、予算が足りなくなるリスクは抑えられます。債券がいかにポートフォリオの変動を抑えてくれるか説明したことを覚えていますか？　東南アジアは旅のポートフォリオにおける債券のようなものです。費用を均（なら）してくれるのです。そのほかメキシコなどの中南米、東欧、ポルトガルなどの物価の安い地域も同じ効果を持ちます。

世界を旅行するために仕事を辞めて3年が経ちました。幸いなことにいまでも毎日が新鮮で、ワクワクし、冒険に満ちています。いまでは私たちは熟練のノマド（遊牧民）で、旅の費用をさらに抑えられるようになりました。昨年は年間でたった3万6000カナダドルしか使っていません！　私たちのポートフォリオは年間4万ドルの収入をもたらしてくれるので、所得がなくても世界を旅行するだけで4000ドルがもらえる計算になります！

いったい私は何をあれほど恐れていたのでしょうか？

トラベルハッキング

費用を抑えるためのもう1つのトリックは、「トラベルハッキング」として知られています。航空会社のマイルをたくさん貯めれば、チケットの購入やホテルの宿泊に使えます。工夫次第では、タダで旅行ができるのです！　通常、こうしたサービスはビジネスマンや起業家、キャビンアテンダントなど、1年間に何度も飛行機を利用する人向けのぜいたくなサービスです。ただ、あなたが過去に一度も機内に足を踏み入れていなくても、これらを利用することはできます。必要なのは特典の多いクレジットカードとスプレッドシートだけです。

登録するだけでポイントが大きく貯まるクレジットカードを申し込み、必要最低限の金額を使った上で、そのカードを解約するのです。それから3〜6カ月待って、また同じことを繰り返します。例えば、Chase Sapphire Preferredカードは登録してから最初の3カ月以内に4000ドル使えば、6万ポイントがもらえます。さらに初年度の年会費も無料になります。7500ドル以上の旅行費の節約につながるのです！　もしあなたと配偶者がこのカードを申し込み、必要最低限の金額を使えば、ふたりそろって欧州かアジアにタダで旅行できます。登録の際の特典に加えて、多くのクレジットカードは外貨取扱手数料無料、レンタカーの保険加入、無料の食事、飲み物が提供される空港ラウンジの利用など、様々なサービスを提供していま す。ただ、ラウンジで食べることに夢中になって、飛行機に乗り遅れないよう気をつけましょう（私たちは乗り遅れそうになりました）。

カードを申請しまくる前に、1つだけ注意点があります。5／24ルールです。名前が示唆するように、過去24カ月間にすべての銀行を合わせて6枚以上個人のクレジットカードを申し込んでいる場合は、Chaseから新規のカードが承認されません。

世界周遊旅行に旅立つ前、私たちはかなりの数のクレジットカードを申し込み、それぞれで20万ポイントを貯めていました。おかげで長距離路線を利用しても、税金で80～100ドル払うだけです。年間でおよそ6000ドルを節約しました。もし自腹で払っていれば、6000ドル×25＝15万ドル余分にポートフォリオの資金が必要でした。トラベルハッキングのおかげで、2年間余分に働く必要がなくなったのです。あの上司と2年も働く……、そんなことは私にはできなかったでしょう。その前に彼の首を切っていたはずです。

私たちみたいにノマドのような生活をするつもりはなくても、長期休暇の間に利用すればかなりの金額を節約できます。ただ、クレジットカードの返済義務はきちんと果たすように心がけましょう。すでに債務を抱えている場合（第4章を参照）は、トラベルハッキングは控えておきましょう。毎月、利用残高をきちんと返済できるとわかっているときだけ、新しいカードをつくるようにしましょう。

費用を抑えるもう1つのトリックがAirbnbです。私たちはAirbnbとトラベルハッキングで年間およそ1万8000ドルもの費用を抑えました。まるで地元の人のような生活ができ、キッチンつきで洗濯機も利用できます。お腹まわりが太くなる一方、財布は薄くなるホテルとは違い、Airbnbでは自分のおうちのようにくつろげます。ホストにオススメを教えてもらうことで、私はあらゆる隠れたお宝（リスボンでステーキサンドイッチが一番おいしい店、チェンマイで一番おいしいデザートなど）を見つけることができました。

旅行保険と国外居住者保険

「重度の心臓発作」、「ＩＣＵ（集中治療室）」、「助からないかもしれません」。

これらは普段から決して耳にしたくない言葉ですが、地球の裏側にいるとなればなおさらです。私たちがタイにいるときでした。ブライスが眠りに落ちようとしているとき、彼の母親から電話がありました。祖母がＩＣＵに入っており、医師によるとあと数日で亡くなるという話でした。電話を終えた後、私たちはカナダ着の次の便を予約し、荷物をまとめて残りの旅の予約をすべてキャンセルしました。

旅行中に悪い知らせが入ったとき、最も嫌なのがお金にかかわるストレスです。直前に航空チケットを買い、ホテルの費用を無駄にしなければなりません。そんな場面を見越して、私たちは出発前に旅行保険に入りました。

緊急の医療費（ひとり当たり100万ドルまで）や（政情不安や自然災害などによる）旅の中断によって生じる費用をカバーしてくれるだけではなく、家族の病気や死亡の際の帰国費用や飛行機とホテルのキャンセル料もカバーしてくれるのです。私たちが選んだ会社、World Nomadsは信頼できる会社で、大いに助けられました。私たちが申請した3000ドルも迅速に処理してもらえ、保険にかかった費用（1750カナダドル）のもとは十分に取れました。

海外での長期旅行を計画しているにしても、私たちのようなノマドライフを計画しているにしても、海外の医療保険のサービスを含むクレジットカードを必ず選ぶようにしましょう。もしくは個別で旅行保険に加入してください。想定外の怪我や病気の緊急事態ほど、あなたのリタイア生活を台なしにするものはありません。

もし旅行保険に入るつもりであれば、必ず母国の保険に加入しなければいけません。旅行保険は必要な際に加入者を本国へ送還することも想定しているからです。もし母国で保険に入っていなくても、まだ選択肢は残されています。国外居住者保険というサービスがあります。

ビザはどうすればいいのか？

私たちのブログの読者から最もよく訊かれるのが、「ビザはどうしているのか？」という質問です。

世界旅行をした最初の年、私たちはほとんど観光ビザを利用していました。欧州の滞在期間は最長90日で、私たちはアジアに旅立つ前にその期間フルに滞在しました。ベトナムとカンボジアに入国する際はインターネットで電子ビザを申請し、手数料を払い、到着前にビザをプリントアウトしました。

タイでは空港で自動的に30日間の観光ビザをもらえました。結局、タイはすごく気に入ったためビザを更新しました。全体的に手続きはスムースで、ストレスなく容易にできました。

私たちはいまでは旅のプロです。欧州でさえ観光ビザで滞在可能な90日よりも長く滞在したいと思えば、様々な選択肢が用意されていることを知っています。富裕層ビザ（スペインの非就労ビザ、ポルトガルのD7、ドイツのフリーランサービザなど）は滞在期間が長く、国が運営する医療保険制度に加入できる場合もあります。

旅を始める前、私たちは欧州に長期間滞在できる選択肢があることすら知りませんでした。

米国人やカナダ人であれば最強のパスポートを持っているので、それほど面倒な手続きをしなくても居住許可をもらったり、観光目的の滞在を延長できたりします。もし私たちのようなノマドになると決めたら、長期間海外に滞在できるということを知っておきましょう。

早期リタイアのために旅をする

私たちは大都市に引っ越し、高給の仕事を得て、65歳まで働かなければならないと信じこむよう洗脳されてきました。そうした両親の世代からのアドバイスは善意とはいえ、もはや時代遅れです。実際は、旅行することでリタイア後の生活費を抑えられるだけではなく、経済的自立にもより早く到達することができるのです。

リモートワークはかつてないほど容易で、もはやオフィスに足を踏み入れる必要すらありません。そのおかげでアウトソーシングが可能になる（私の会社で起きたことです）という負の側面もありますが、働く場所を問われないというメリットが生まれました。あなた自身をアウトソーシングすることを考えるときがきたのです。

リモートワークができるようになれば、「地理的アービトラージ」と呼ばれる手法を活用できます。つまり、通貨の強い国でお金を稼ぎ、通貨の弱い国でそのお金を使う生活です。例えば、ペソやバーツ、クローナが使われている国に住みながら、オンラインで働いて米ドルを稼ぐのです。

もしあなたがバーチャルアシスタント［リモートワークで事務や調査などの業務を請け負う仕事］として月に2000ドル稼いでいれば、年収は2万4000ドルです。米国で生活すれば手元にお金は残らず、ほとんど選択肢はありません。ところがメキシコのオアハカからリモートワークすれば、素敵なマンションに住み、ほぼ毎日外食しても支出を月1000ドルに抑えられ、汗をかかなくても収入のおよそ半分を貯蓄にまわすことができます！　さらに、控えめな6パーセントの年間リターンで計算しても（計算は第10章を参照してください）、15年ほどで経済的自立に到達できるのです。

私たちのブログの読者であるコルビーはまさにこれを実践しています。カナダで自動車のセールスマンとして最低賃金で働くことにうんざりし、韓国に移住して英語教師になりました。彼の年収は3万ドルですが、家賃と飛行機代は学校が出してくれる上、所得税率はたったの3パーセントであるため、年間2万ドルを貯蓄にまわしています。

貯蓄率は驚異の67パーセントです。年に5万ドル稼いでも、たった1割を貯めるのに四苦八苦している母国の友人たちを尻目に、彼はかなりの成果を収めています。日々のスケジュールは融通が利くため、アジア全土を旅行しています。その上、あと10〜12年で経済的自立に到達できるのです！

世の中の通説を信じてはいけません。旅行にそれほどお金はかかりません。それどころか旅行をすればお金を節約でき、早期リタイアも近づくのです。

第12章の要点

▼世界旅行の費用は驚くほど抑えることができます。
▼1年間で私たちは4万ドルしか使いませんでした。
▼西欧など物価の高い地域と東欧や東南アジアなど物価の安い地域をうまく組み合わせることで、旅の予算を「デザイン」することができます。
▼旅の費用を抑える上で役立つテクニックは、
・トラベルハッキング：クレジットカードの登録でもらえるポイントを利用して、飛行機のマイルを貯められます。
・Airbnb：ホテルよりもずいぶん安く、キッチンつきが多いため自炊もでき、旅行者ではなく地元の人のような目線で生活ができます。
▼旅行保険には必ず入っておきましょう！

第13章 バケツ・アンド・バックアップ

リタイアした最初の年に、ブライスと私は2つの重要な教訓を学びました。第一に、世界旅行は物価の高い都市に住むよりも支出を抑えられる。第二に、私たちのポートフォリオは驚くほど回復力が高いということです。

私たちが仕事を辞めたとき、経済危機の最悪の時期は過去のものだと思っていました。ところが原油価格が暴落します。2015年にウォール・ストリート・ジャーナルを隅々まで読んでいなかった人のために説明しますが、その年は「fracking（水圧破砕）」という単語があらゆるニュースに顔を出していました。

米国は中東からの輸入依存度を下げるために、国内の石油生産を増やすというミッションに乗り出していました。水圧破砕という技術がそれを可能にしたのです。中東の国（特にサウジアラビア）にとっては面白くありません。そのため市場に安価な石油を大量に供給し、１バレル当たりの原油価格を１００ドル超から30ドル半ばまで暴落させたのです。石油を安くして、水圧破砕法で石油を採掘している企業を市場から締め出すつもりでした。

ただ思惑は外れました。株式市場の暴落を引き起こしただけだったのです。カナダの株式市場はエネルギーセクターの比率が高いため、特に大きな痛手を被りました。そのため、私たちがリタイアした最初の年のポートフォリオのリターンはマイナスになったのです。

覚えていますか？　リタイア後に資金が底をついた5パーセントの人は、ちょうど株価暴落が始まったタイミングでリタイアした不運な人でした。私たちはこうした事態に備えて利回りシールドと現金クッションを用意していましたが、まさに宇宙に飛び立とうとしているタイミングで、船内からガタガタという不具合の音が聞こえてきたようなものでした。「お願いだから、ちゃんと設計したようにうまくいって……」。私は祈るような思いでした。

読者の方は本書を読んでいるため驚かないとは思いますが、結果的には無事に乗り切りました。すべてのパズルのピースがしかるべきタイミングでそれぞれの役割を果たし、本書の執筆時点では、私たちのポートフォリオは最初に欧州に旅立ったときよりも大きくなっています。実際にどのようにうまくいったのかを見ていきましょう。

バケツシステム

最初に、バケツシステムについてご紹介します。バケツシステムとはお金を役割に応じて異なる口座、つまりバケツに入れるというものです。おそらく日々の生活でもすでに実践していると思います。毎日の買い物に使うお金を当座預金口座に入れ、緊急時用のお金を普通預金口座に入れ、リタイア後の資金を別の普通預金口座に入れているといった具合です。

ただ実際にリタイアした後は、バケツは役割を少し変えます。これから私たちが具体的にどのようにしたのかを説明します。

資金の大半を入れておくのがポートフォリオバケツで、第8章で説明したように低コストのインデックスETFに投資しておきます。今年の支出バケツは、今年使う予定のお金を入れておくバケツです。最後に、現金クッションバケツは第11章で説明したように、5年分の緊急時用の準備金です。このようにお金を使途によって分類することで、日々の支出に使うお金を株式市場の短期的な変動から切り離しておくことができます。S&P500が一時的に下落しただけで、家賃がきちんと口座から引き落とされないといった事態は避けたいはずです。

ここで明確にしておきますが、1つの「バケツ」は必ずしも1つの「口座」とは限りません。バケツには複数の口座を含む場合もあります。

現金クッションバケツと今年の支出バケツは、それぞれ普通預金口座と当座預金口座に分けてもいいし、1つの利率の高い普通預金口座にまとめてもかまいません。私たちは後者を選びましたが、あなた次第です。いずれにしても問題ありません。

年初にポートフォリオバケツから今年の支出バケツに資金を移管しましょう。毎年1月に次の順番で手続きを踏んでください。

最初のステップは、利回りシールドを通じて前年に受け取った現金をすべてあなたの共同投資口座に集めることです。利回りシールドから受け取った現金を共同投資口座に集めた後は、あなたの決断が必要になります。利回りシールドからの利子や配当で今年の支出のほとんどを賄えますが、すべてではありません。その差額をどのようにして埋め合わせるのかはあなた次第です。もしポートフォリオ全体の価値が上がっていれば、解決策はシンプルです。最も上昇したETFを必要な分だけ売ればいいのです。

現金を共同投資口座に集めた後は、証券会社に連絡してお金を引き出しましょう。税引き後口座から税引き後口座への資金移管であるため、その段階での課税はありません。あなたの当座／普通預金口座にお金が入れば、その年の作業は終わりです。

ただ、もしポートフォリオのリターンがマイナスであれば、絶対に資産を売却したくはないでしょう。ここで現金クッションの出番です。利回りシールドから受け取ったお金を引き出した後は、現金クッションの準備金の1年分を使って差額を埋め合わせましょう。

この作業によって現金クッションの準備金が1年分減る一方、下落相場でも資産を売却せずに済むことを肝に銘じておきましょう。あなたのポートフォリオは手数料の安いインデックスETFによって構成されているため、辛抱強く待てばいつか必ず元の水準に回復します。

15年というスパンで見れば、S&P500はこれまでに一度もマイナスになったことがありません。ポートフォリオが回復した後は、必ず現金クッションを補充するようにしましょう。そうすることで、次の下落相場に備えることができます。

現金・資産スワップ

次のテーマに移る前に、現金・資産スワップと呼ばれる手法について説明させてください。非常に役立つテクニックです。口座に現金があっても、すぐにアクセスできない事態に遭遇することがときどきあります。

引き出し不可能な口座に現金があります。あなたならどうしますか？

現金と資産をスワップ（交換）するのです。では、やり方を説明します。最初に両方の口座にあるETFを選んでください。わかりやすく説明するために、1口当たり10ドルのSTKという名称のETFとします。

続いて、引き出したい金額を得るにはそのETFをどのくらい売却しなければならないのかを計算します。この場合、5000ドルを引き出したいので、5000ドル／10ドル＝500

口を売却しなければなりません。

それから証券口座にログインし、2つの注文を出してください。引き出し可能な口座で500口の売り注文を出し、引き出し不可能な口座で同じく500口の買い注文を出すのです。もし可能であれば、10ドルの指値で注文しましょう。

もし2つの注文が同時に出れば、株式市場はあなたの買い注文と売り注文をつき合わせます。実質的には、自分自身からそのETFを「買う」ことになるのです。

同じ数量のETFを2つの口座で売り買いしているだけなので、ポートフォリオ全体のアロケーションに変化はありません。株式市場を仲介役として利用することで、引き出せなかった現金にアクセスしたようなものです。なかなか巧妙ですよね？

同じETFを売買できれば最も簡単ですが、2つの異なるETFを使っても同じことができます。それぞれの価格に基いて正しいETFの口数を計算する必要があるだけです。

バックアッププラン

このようにして、ポートフォリオの3つのピース（株式市場、利回りシールド、現金クッション）はうまく組み合わされます。株式市場が上昇したら、利回りシールドとキャピタルゲインを使って今年の支出を賄う。一方、株式市場が下落したら、利回りシールドと現金クッションを活用するのです。

私たちの場合は、この仕組みが見事にうまく機能しました。すでにお話ししましたが、私たちがリタイアした最初の年、株式市場は下落しました。その際は利回りシールドと現金クッションの1年分を翌年の生活費に充てました。2年目は株式市場が持ち直して上昇したので、ポートフォリオのキャピタルゲインの一部を確定し、3年目の生活費に充てました。3年目は私たちのポートフォリオが特に堅調で、10パーセントのプラスとなったため、その儲けを4年目の生活費に充てつつ、少なくなっていた現金クッションを補充したのです。

リタイア以降、私たちの純資産は100万ドルから130万ドルに増えました。現金クッションも元の水準まで補充されたので、当初よりも多くの資金を抱えて次の調整局面に対する備えができています。

ほかの早期退職者と会うようになって、リタイア後の生活を失敗させないようにするやり方がほかにもいろいろあることを知りました。私たちはこれらのアイデアを戦略に取り込むことで、より回復力の高い仕組みを編み出しました。現金クッションをすべて使い果たすほどの長期的な下落相場がきても、乗り越えられる仕組みです。私たちは頭韻をうまく使って「バケツ・アンド・バックアップ」と名づけました。

この諸行無常の世の中において、保証されているものなどありません。不測の事態に備えて、私たちには多くのバックアッププランが必要となります。1つ失敗しても、次を試せばいいのです。

バックアッププラン1：利回りシールド

下落相場ではポートフォリオの価値も下落しますが、引き続き配当と利子を受け取っていることを忘れないでください。これらの収入があれば資産を売却せずに済むため、利回りシールドがバックアッププランの1となります。

バックアッププラン2：現金クッション

バックアッププラン2は、つい先ほど説明した現金クッションの活用です。もし現金クッションをすべて使い果たすような複数年にわたる凄惨な下落相場に見舞われた場合は、3に進みましょう。

バックアッププラン3：もっと旅行する

旅行がバックアッププランだと聞くと直感に反するように思えるかもしれませんが、私たちの経験がすでに実証しているように、地元の人と同じように生活した場合、世界を旅行することで1つの場所にとどまるよりも生活費を安く抑えられます。この事実をうまく利用しましょう。

第12章では、物価の安い地域に住む期間を調整することで、年間の予算を一定の金額に抑えられることを明らかにしました。下落相場が数年間続き、現金クッションをすべて使い果たした場合、通常であれば利回りシールドからの収入の範囲内に生活費を抑えなければなりません。ところがメキシコやポルトガル、東欧、東南アジアなど物価の安い地域で長い時間を過ごすことで、ライフスタイルを維持したまま生活費を予算内に抑えることができるのです。むしろ、生活の質の改善と捉えてもいいかもしれません。外食の回数を減らしたいですか？　それともタイのビーチでもっと長い時間、横になっていたいですか？

バックアッププラン3のすばらしい点は、お金を使うほどより快適になり、支出を抑えるほど快適さを犠牲にするというパーソナルファイナンスの原則が当てはまらないことです。もし東南アジアで1年間過ごせば、生活費は4万ドルからおよそ2万4000ドルに下がります。利回りシールドは下落相場でも年間3万5000ドルの収入をもたらしてくれるので、資産を全く売却する必要はなく、むしろ年末にはお金が余るのです。

株式市場が暴落するたびに、自分たちに繰り返し言い聞かせる格言があります。困ったときにはタイに行こう。

（本書を読んでいる読者の多くが「子どもがいないからそんなことが言えるのよ」と内心思っているのはわかっています。そのあたりのトピックについては、第15章でお話しするつもりです）

バックアッププラン4：サイドハッスル（副業）

生活費の削減と地理的アービトラージはすばらしい手法ではありますが、ライフスタイルを変えることなくいまいる場所にとどまりたいのであれば、もう1つの選択肢があります。サイドハッスルです！

わかっています。まるで誰でもできるかのように「起業する」ことを勧めるパーソナルファイナンスの本も少なくありません。私自身も試してみましたが、見事に失敗しました。一度どころか、何度もです！　ただ、リタイアした後にサイドハッスルを始める場合、成功のハードルがかなり下がります。そこが大きな違いです。ネコ用のフードつきセーターをかぎ針編みする事業のために仕事を辞めて、年収5000ドルしか稼げなければ、あなたは惨めな失敗だと思うでしょう。そんなことのために安定した給与を捨てたのか？　となるはずです。ところがリタイアした後であれば、5000ドルは十分な成功です。現金クッションの代わりを務めるには十分な金額です。ポートフォリオの利回りとサイドハッスルの収入があれば、1年分の支出を賄うには十分です。利回りシールドが家計の大黒柱になってくれるので、少ない収入でもリタイア後の家計には大きな影響を与えてくれます。

私はこれまで9時5時の仕事を辞めて以降、一度もお金を稼いだことのない早期退職者に会ったことがありません。働くことは私たちのDNAの一部なのです。リタイアできるほど資金を貯蓄できた人は賢く、モチベーションが高く、創造力豊かな傾向にあります。そのため半年くらいゆっくり過ごすと、次第に退屈に感じてくるのです。ネットフリックスを見る時間にも限度があります。第16章で詳しくお話ししますが、簡単に言うと早期退職者は生産的であろうとした場合、情熱を傾けているものであれ趣味であれ、お金を稼いでしまうのです。

文章を書くことが、私がリタイアした後に情熱を傾けると決めたものでした。地元の図書館の本棚を目を丸くして見つめていた8歳の少女だったころから、私はどうしても作家になりたかったのです。いつか自分の名前がこの本棚に並ぶ日がくる。私はそう心に誓いました。

そう考えると、運命とは不思議なものです。

バックアッププラン5：パートタイムで仕事に復帰する

あなたにはキャリアを通して磨き上げてきた強力な武器があります。あなたの持つスキルです。リタイアに必要な資金を貯められるほど長い間、ある特定の業界に身を置いていたおかげで、あなたは非常に重要なスキルを身につけました。その業界から足を洗ったからといって、せっかく磨き上げてきたスキルを軽視すべきではありません。そのスキルを利用して、再びお金を稼げるのです。

パートタイムで仕事に戻る、もしくは副業でコンサルティングを始めてもいいかもしれません。旅行中に会った早期退職者の一部は、資格を維持するために一定時間働くことが義務づけられている仕事をしていました。例えば、看護師や不動産業者などです。そうした場合、定められた業界のルールに従うだけでも、自然なバックアッププランになります。

閉ループ制御

大学でコンピュータ・エンジニアリングを学んでいた時期、開ループ制御と閉ループ制御の違いについて学びました。制御理論の詳細を説明するのは退屈なのでわかりやすく言うと、開ループ制御と閉ループ制御は弾丸とミサイルのようなものです。弾丸の経路は照準を合わせている人間と風や重力などの環境要因によって決まります。弾丸はいったん薬室を出れば、途中でその軌道を修正することができません。標的が移動してしまえば、弾丸は当たりません。

一方、ミサイルには軌道を変える機能が備わっています。標的が移動すれば、センサーがその動きを察知し、標的の新たな場所にスラスタが照準を合わせます。制御理論では、この仕組みはフィードバックループとして知られており、環境の変化を察知し、変化に合わせて対応します。このおかげで、自動修正できるミサイルは弾丸よりも信頼性が高いのです。

制御理論によってミサイルやロケットの誘導システムが可能となるため、ロケット科学における柱の1つとも言える理論です。

では、制御理論はリタイアとどう関係があるのでしょうか？　リタイア後の生活を4パーセントルールだけに頼るのが開ループ制御です。

あなたは年間支出の25倍の資金を貯めてから引き金を引きますが、弾丸が薬室から発射される際には4パーセントルールという計算に頼っています。ただ、もしその計算の前提が大きく崩れれば（支出が増える、ポートフォリオが暴落する）、あなたは困難な状況に陥ることになります。安定的なリタイア後の生活を設計する上で最後のパズルのピースとなるのが、この開ループ制御を自動修正式の閉ループ制御に変える作業なのです。そのためには、弾道を追うセンサーが必要となります。ミサイルの弾頭にあるようなセンサーです。

幸いなことに、私たちには手近にそのセンサーがあります。第10章ですでに登場したツール、FIRECalc です。FIRECalc は過去に起きたあらゆるシナリオについてシミュレーションし、どれくらいの確率でリタイア後の生活が成功、もしくは失敗するのかをそれぞれ計算してくれます。

リタイア直後にすでに一度計算したからといって、二度と計算し直してはいけないという理由はありません。むしろ、年初にその時点のポートフォリオの金額と期待支出額を代入して、計算を常にアップデートすべきなのです。そうすれば、FIRECalc ではじき出された成功率をあなたのリタイア後の生活の「健全性」スコアとして利用することができます。また、どのバックアッププランを実行する必要があるのかも教えてくれます。あなたのリタイア直後のポートフォリオを１００万ドル、年間支出を4万ドルとすると、FIRECalc は成功率を95パーセントとはじき出します。つまり「健全性」スコアは95です。

翌年、株式市場が下落し、ポートフォリオの価値が5パーセント下がったとします。あなたは生活費として4万ドル使ったため、残った96万ドルのポートフォリオが5パーセント下がると91万2０００ドルになります。幸いなことに、バックアッププラン1の利回りシールドが3万5０００ドルの収入をもたらし、残高は94万7０００ドルまで回復しました。

自分の資金が十分かどうかを確認するために、新しい数字をFIRECalcに代入してみましょう。ポートフォリオの総額が94万7０００ドルで、年間支出が4万ドルである場合、成功率は93パーセントとはじき出されます。それほど悪い数字ではないですが、95パーセントほどではありません。

では、どうすれば95パーセントに戻れるのでしょうか？　最初にバックアッププラン2を実行しましょう。現金クッションです。この場合、5０００ドルを準備金からポートフォリオに移管することになります。するとポートフォリオの総額は95万2０００ドルになります。ただFIRECalcによれば、あなたの成功率はまだ93パーセントです。

そこでバックアッププラン3を試してみる番です。もっと旅行するのです。東欧や東南アジアなど物価の安い地域で過ごす期間を長くすることで、年間支出を4万ドルから3万8０００ドルに容易に下げることができます。お見事！　これで成功率は95パーセントに回復しました。地理的アービトラージを続けて年間支出を3万7０００ドルまで引き下げれば、あなたのポートフォリオの「健全性」はさらに97パーセントまで上昇します。

リタイアを標的めがけて飛行するミサイルに例えると、FIRECalcはミサイルがきちんと軌道に乗っているのか、軌道から外れてしまったのかを教えてくれるセンサーです。その結果を見て、どのバックアッププランを実行すべきか判断できるのです。次の年には新しい数字をFIRECalcに代入し、リタイア後の生活が再び軌道に戻ったのか、それともさらなる修正が必要なのかを確認しましょう。

原則的には、これであなたは早期リタイアを開ループ制御から閉ループ制御へ変えたことになります。

終わりなき再リタイア

閉ループ制御にすることを私は終わりなき再リタイアと呼んでいますが、これでトリニティ大学の研究の制約をうまく回避することができます。4パーセントルールは30年という期間に基いています。お気づきだとは思いますが、念のために言っておくと早期リタイアの場合、リタイア後の期間はもっと長いです！　正確に言うと、65歳より前に仕事を辞めた場合にどうなるのかを調べている研究などないのです。ただ、リタイアを何度も繰り返すことによって、この問題はエレガントに解決されます。FIRECalcに新しい数字を代入するたびに、あなたはその時点から30年間の成功率を計算していることになるのです。

リタイアを何度も繰り返し、リタイア後の生活の健全性を毎年評価することで、株式市場が下落するたびに軌道を修正できるだけではなく、トリニティ大学の研究の成果をどんなに長い期間でも応用できるようになるのです。計算に必要なのは、すべて無料のツールです。

これは決してロケット科学［難解な理論］ではありません。

いや、そう言えば一部はロケット科学の話でした。

第13章の要点

▼リタイア後の資金を管理するためには3つのバケツに分けましょう。

・ポートフォリオ：あなたのリタイア後の生活を支える投資ポートフォリオ用のバケツです。

・ことしの支出：その年に使う予定の資金を入れておくバケツです。

・現金クッション：普通預金口座に準備金を入れておくバケツです。

それぞれの年初に今年の支出バケツに資金を補填しましょう。

・最初に、利回りシールドから受け取るお金を移管します。

・もしポートフォリオに含み益があれば、ETFの一部を売却して足りない分を埋め合わせます。

・もしポートフォリオに含み損があれば、現金クッションを使って足りない分を埋め合わせます。
・株式市場が回復したときには、必ず現金クッションを補填するようにしましょう。

▼**下落相場が長引いたときに実行できる複数のバックアッププランを用意しておきましょう。**

・バックアッププラン１：利回りシールドの利用。
・バックアッププラン２：現金クッションの利用。
・バックアッププラン３：地理的アービトラージを使って生活費を抑える。
・バックアッププラン４：サイドハッスルを始める。
・バックアッププラン５：一時的にパートタイムの仕事に復帰する。

▼**毎年その時点の資産と期待支出をFIRECalcに代入し、早期リタイアの健全性を測定しましょう（「終わりなき再リタイア」）。**

・計算のたびに新たな30年のシナリオを確認することになり、トリニティ大学の研究の成果を30年より長い期間に応用できます。

第14章 インフレ、保険も恐るるに足らず

本書を書いている時点でプライスと私はリタイアして3年が経ちましたが、いまでも旅行漬けの日々を送っています。この生活をやめるつもりはありません。私たちのこれまでの経験の中で最も興味深かったことの1つが、カナダにいる友人と家族の反応が少しずつ変わってきたことです。

最初の年、彼らは私たちがただ「憂さ晴らしをしている」と思っていました。

2年目になると、彼らは私たちが自分たちの大きな過ちに気づき、戻ってくると思っていました。

ところが3年目以降になると、彼らの疑いの目は本物の好奇心に変わりました。私たちはい

まだに旅行をし、幸せで、お金にも困っていません。それどころか純資産は増えています。

「どんな秘密があるんだ？」と彼らは尋ねました（私たちは屋根の上からずっとその答えを叫んでいたようなものです）。

その答えはいつも目の前にありました。旅行です。前章では、下落相場のときに地理的アービトラージがいかに生活費を抑えるのかを明らかにしました。実はそれだけではなく、旅行はそのほかのお金が絡んだ大きな問題もエレガントに解決してくれるのです。

本章では、人々が特に気に病んでいる2つのVery Scary Things（とっても恐いこと）についてお話ししたいと思います。それらはリタイアして世界を旅行すれば、全く問題ではなくなります。インフレと保険です。

インフレーションはリタイア計画の悩みの種

インフレは複雑怪奇な現象です。その仕組みのテクニカルな側面については、数え切れないほどの本が書かれています。ただ読者を退屈させたくはないので、その部分についてはここでは割愛させていただきます。とりあえず、インフレとはあなたの生活費が毎年どれくらい上がるのかを表す指標だと思っておいてください。スターバックスに立ち寄ってコーヒー1杯の価格が上がっている（1年前より0・25ドル高い）ことに愚痴を言うときだったり、祖父が見せてくれた昔の百貨店のカタログに掲載されていた芝刈り機の価格が5ドルであるときなど、日常でインフレに気づく場面は多々あります。

インフレはリタイアを計画している人にとっては悩みの種で、それはどこの国でも同じです。若いときは株式に重点的に投資し、歳を取るにつれて徐々にアロケーションを債券などのフィクスト・インカムに移行するというのがリタイアメント・プラニングのこれまでの定説でした。すなわち、65歳になるとポートフォリオの大半が債券となるため、フィクスト・インカムのリターンが生活費の上昇に追いつかず、リタイア後の急激なインフレが大きなリスクだったのです。

私の投資戦略では、こうしたリスクとは無縁になります。私の場合、フィクスト・インカムへの移行ではなく、利回りシールド、現金クッション、バケツ・アンド・バックアップの組み合わせによって収入の安定を図ります。私のポートフォリオはフィクスト・インカム中心のアロケーションには移行しないのです。リタイア後も一貫して株式に投資し続けるため、自然とインフレに対するヘッジができています。

つまりこういうことです。企業は消費者に財を売ります。インフレによって消費者が企業の財に支払う金額が上がれば（あの1杯のコーヒーのように）、企業の稼ぎも増えることになります。ほかの条件がすべて同じなら、インフレは企業の利益に反映され、それが株価の上昇に反映され、最後にはあなたのポートフォリオに反映されることになります。株式に投資すれば、ポートフォリオの価値はインフレと足並みをそろえて上昇していくのです。

私がインフレについて気づいたもう1つ興味深いことがあります。それは住む場所によって変わるということです。米国で公表されるインフレ率は、米国だけに当てはまる事象です。ポルトガルや南アフリカ、香港、日本で起きているインフレとは完全に無関係です。インフレは州ごとで異なることもあります。中央銀行が発表するインフレ率は国内の平均であり、インフレ率が平均を上まわる州もあれば、下まわる州もあります。サンフランシスコで生活費が急騰しているからといって、デモイン［アイオワ州の都市］で同じことが起きているとは限りません。

こんな単純な発見が、リタイアメント・プラニングに大きな影響を与えます。リタイアした後は職場への通勤が必要なくなるため、自由に都市を移動できるようになります。インフレ自体はコントロールできない要因で起こりますが、あなたがそれに対して受け身である必要はなくなるのです。あなたはインフレをコントロールできます。いま住んでいる都市では生活費の上昇ペースが速すぎる？　次の年には東欧を旅してみてはどうですか？　もしそれが極端というのであれば、インフレ率があなたの都市の数分の1に収まっている都市や州に引っ越せばいいのです。

これこそが地理的アービトラージのもう1つの顔で、あなたの経済状況に大きな影響を与えます。4パーセントルールとは、インフレを調整した上でポートフォリオの4パーセントを引き出すという意味です。あなたがインフレ率に合わせて支出額を増やすことを想定しています。もし、インフレに合わせて引き出す額を増やさなければ、あなたの成功の確率は大いに高まります。実際、旅行を始めて以降、私たちの個人的なインフレ率は毎年横ばいかややマイナスです。私たちはコツをつかみ、リタイア後は毎年前年よりも支出額を減らしてきました。

利回りシールドと現金クッションを活用して下落相場のときに資産を売却しないようにし、さらにインフレをコントロールするために各地を旅行することによって、私たちのリタイア生活の健全性は3年後には95パーセントから何と100パーセントまで上昇したのです。

保険について

保険は人々が恐れているもう1つのものです。私もその理由はよくわかります。保険業自体が人々の恐怖を餌に成立しており、買い手は最も悲観的なセールストークを聞かされます。「この保険に入っておいた方がいいですよ。いつあなたの身に不運な出来事が起こるかわかったもんじゃありません。この保険に入っていなければ、大変なことになりますよ」

こんな悲観的な考え方であれば、パーティーの席でも落ち着いて楽しめないはずです。

このセクションでは、3つの最も一般的な保険、住宅所有者保険、自動車保険、生命保険についてお話しします。

住宅所有者保険

家を持っていれば、住宅所有者保険は必須です。家は多くの人にとって純資産の最も大きな部分を占めるもので、漏電による火災、洪水、竜巻が一度でも起きれば、あなたの富の大部分が失われます。家に保険をかけないのは、宇宙にお尻を叩いてとお願いしているようなものです。

第7章でお話ししたように、住宅所有者保険は毎年平均して家の価値の0・5パーセントの保険料がかかります。毎年保険の更新のたびに、最もお得な契約条件を探すよう心がけましょう。住宅所有者保険のコストから逃れる方法は2つしかありません。保険をかけない（お勧めしません）か、そもそも高額の家を持たずに賃貸で済ませること（こちらをお勧めします）です。賃貸にすれば、保険は問題ではなくなります。

自動車保険

自動車保険はより強制的なものです。保険に入らずに車を運転することは違法だからです。つまり、逃れることができないのです。ただ、コストを下げる方法はあります。車に盗難防止装置を施せば、保険料は下がります。すでに減価償却が進んでいる古い車については、総合補償にしないという手もあります。あなたの会社や同窓会の知り合いを通じて保険に入るというのも良いアイデアです。ただ、コストを抑える最良の方法はそもそも車を所有しないことです。改めて言いますが、旅行をすればいいだけの話です。海外を飛行機で飛びまわっていれば、車など必要ありません。

ただ、そうは言っても車が生活に不可欠な場合もあります。公共交通機関が整備されていない小さな町だと特にそうです。ただ朗報と言えるのが、小さな町は住居費も安い傾向にあるということです。私に相談のメールをくれた人には、次のようにアドバイスしています。持ち家と自動車の負担が両方大きくてお金に苦労しているのであれば、それはそもそも生活の仕方を間違っています。会社から離れた場所にもっと安い家を買うか、自家用車をあきらめて、会社の近くに住むための住居費にお金をかけましょう。両方を求めてはいけません！

カーシェアリングのサービスを使うという解決策もあります。特定の時間に車を予約しておき、家の近くのあらかじめ指定された場所に行き、車の鍵をもらって運転するのです！　自動車を買い、メンテナンスし、ガソリンを入れ、保険をかける費用を負担することなく、車で買った物を運ぶことができます。私たちが働いているときに使っていたサービスは月に平均40ドルしかかからず、年間8000ドルの節約につながりました。北米ではZipcarが最も有力なカーシェアリングサービスですが、いたるところに同様のサービスが立ち上がっています。

生命保険

生命保険もよくわかっていない人が多い支出です。非難するつもりはありません。定期生命保険、終身生命保険、ユニバーサル保険（貯蓄型生命保険）など、あまりに多くの契約の種類と複雑な但し書きがあり、誰もが崖から飛び降りたくなります（まだ生命保険に入っていないので、それをやってしまうと家族は路頭に迷います）。自分のニーズを把握しようとして、保険の販売員の話を聞いては絶対にいけません。一番やってはいけないことです。私が投資口座について銀行の窓口で質問したときと同じです。「どの生命保険を契約すべきでしょうか？」と質問すれば、「ここで売っている一番高い生命保険です」という答えが返ってきます。

ただ、生命保険に入らないのは無責任なように思えます。特に子どもがいたり、一家の大黒柱だった場合はなおさらです。結局、多くの人はグズグズと決断を先延ばしにした上で、大きくため息をつきながら近くの銀行の支店まで重い足を引きずり、月に数百ドルもする理解できない保険を契約する羽目になります。私の読者も概ねこのパターンです。

彼らがあなたにひた隠しにしている保険業界の大きな秘密をお教えします。早期リタイアすれば、生命保険は必要ないのです。

生命保険に入る目的は、あなたがアイスクリームのトラックにひかれたときに家族が路頭に迷うことがないよう、あなたなしでも生きていける十分なお金を給付してもらうことです。つまり、何か不測の事態が起きたときに家族の生活費をカバーするのが目的です。

もうおわかりですよね？　経済的自立に到達しているということは、十分な資産を築いており、適切に運用することで働く必要がないほど十分なパッシブインカム［不労所得］を稼いでいるということです。まさに生命保険と同じ役割を果たしています。家族の大黒柱はポートフォリオであり、あなたがいようがいまいが関係ありません。

このような見方をすれば、生命保険業界全体をシンプルな計算問題に落とし込めます。4パーセントルールを使えば、リタイアにいくら必要かがわかります。さらに、いまいくら持っているのかを計算してください。

いくら必要か－いくら持っているか＝あなたに必要な保険金の額

例えば、私の現在の生活費を4万ドルとします。4パーセントルールに従えば、私はリタイアするために4万ドル×25＝100万ドル必要となります。私は現在10万ドル持っています。つまり、私に必要な保険金は100万ドル－10万ドル＝90万ドルという計算になります。

この金額があなたが不測の事態で亡くなったときに、あなたの家族が経済的に自立するために必要な金額ということです。生命保険が必要なくなる将来の時点が計算でわかっているため、生命保険の契約の大半は考慮の対象外になります。

あなたにとって唯一必要なのは、定期生命保険（特定の期間、例えば5年間契約するもの）です。5年契約の生命保険に入れば、その保険はちょうど5年間有効です。その後は更新するか、新たな保険に加入しなければなりません。いくら保険でカバーしなければならないのかは、前述の公式で計算できます。定期生命保険は最も安いタイプの生命保険です。保険会社は契約期間内にあなたが亡くなる確率を計算していますが、その確率が低いからです。ほかのタイプの保険は亡くなるまでカバーする設計であるため、契約期間内のどこかの時点であなたが亡くなることを想定しています。

つまり、終身生命保険やユニバーサル保険であれば、保険会社は最終的には保険金を支払うことになります。一方、定期生命保険であればおそらく支払いません。だから安いのです。本書を書いている時点では、90万ドルの定期生命保険の保険料は月15～30ドルです。月数百ドルかかるほかのタイプの生命保険と比べてみてください。

また、もしあなたが経済的自立にできるだけ早く到達したいのであれば、できるだけ短い期間の定期生命保険に加入し、毎年更新した方が合理的です。歳を取るほど生命保険の保険料は上がる一方、経済的自立の目標額に近づくにつれて、保険でカバーする必要のある金額は少なくなります。90万ドルだったのが80万ドルになり、さらに70万ドルと減っていくのです。

必要な保険金の額が少なくなるため、最終的に経済的自立に到達してリタイアするまで、すでに割安な保険料はさらに安くなっていきます。リタイアしてしまえば保険業界とは永遠におさらばできます。強欲な彼らと二度とかかわる必要がなくなるのです。

第14章の要点

▼旅行をしていれば、インフレはあなたの生活に影響を及ぼしません。インフレはあくまで一国内の経済現象です。国を変えることで、インフレを回避できるのです。

▼保険もリタイア後の生活における大きな懸念材料ではありません。

・家も車も持っていなければ、住宅所有者保険も自動車保険も必要ありません。

・リタイア後は生命保険が必要なくなります。あなたがいなくなっても、ポートフォリオが家族の生活費の面倒を見てくれるからです。

第15章 子どもはどうする?

「子どもを持たないなんてわがままだ」
「家族がいたらそんなことできないわ」
「子どもができれば、すべて絵に描いた餅だ」

子どものいない私は「子どものいる生活をわかっていない」という理由で、意見をすべて一蹴されたことがこれまでに何度もあります。自己中心的なひどい人間だと非難されたことも、これまで数え切れません。私はそんな人に対してはこれまで、「知らないわよ、私はあなたを子どもを産むかどうかで判断しないから、私のこともそんな基準で判断しないでほしい」などと答えてきました。

そうは言っても、どうして彼らがそんなことを私たちに言ってくるのか、その理由も少しずつわかってきました。彼らは子どもを持つ（誰もがご存じのように、子育てには非常にお金がかかります）決断をしたため、FIRE（Financial Independence Retire Early）は自分たちには縁遠い話で、もはや仕事を辞めて世界を旅行することなどできない（もしくは住宅ローンすら払えない）と心配しているのです。ただ、こうした考えは間違っています。子どもがいるからといって、私のアプローチは不可能ではなく、自分にとって最もすばらしく最も自由な生活を送れないわけではないのです。

子を持つ親にとって、子どものいない人から子育てのアドバイスを受けることほどイラつくことがないのは重々承知しています。だからこそ、本物の専門知識のある人にアドバイスを求めることにしました。子育ての真の費用について説明している本章の前半は、ほかの早期退職者から協力を得ています。ブログMrMoneyMustache.comのピート・アデニー、ブログGoCurryCracker.comのジェレミー・ジェイコブソン、RootofGood.comのジャスティン・マッカーリーの3人です。この3人は私が非常に尊敬する金融ブロガー仲間で、子どもがいながら（ジャスティンは3人もいます！）経済的自立に到達して早期退職しています。

本章の後半は学齢期の子どもと一緒にいかに旅行するのかについて説明します。実際に成功しているふたりの方に協力してもらいました。ブログEdventureProject.comの教育コンサルタント、ジェニファー・スーザーランド・ミラーとワールド・スクーラーとして知られているモバイル教育者の運動を主導する、ライニー・リバーティです。

これまでの通説を覆す心構えはできていますか？　私はできています。

① 子どもの真のコスト

米農務省は2015年、米国で子どもを18歳まで育てる費用が平均で23万3610ドルだと報告しました。ただ、真実はそれほど単純ではありません。問題はメディアがこの数字を値札のように広めているということです。詳しく中身を調べてみると、この数字の算出方法には欠点があることがわかります。

最初の手がかりは、同省が家計の所得に応じて異なる子育て費用を報告しているということです。2015年、家計所得が5万9200ドル未満の場合、子どもひとり当たりの年間平均費用は1万2306ドルでしたが、家計所得が10万7400ドル超であれば、その費用は倍の2万5108ドルに跳ね上がりました。[1]そうした差が出る理由は、子育て費用の多くが変数だということです。確定したものではなく、選択に基いているということです。所得の高い家計は子どもによりお金をかける傾向にあるため、子どもひとり当たりの費用が高くなります。

つまり賢い選択をすれば、子育ての費用は抑えられることを意味します。

欧米の資本主義社会は、より良い人生を送りたければより多くのお金を使わなければならないという前提で成り立っています。私は必ずしもそうではないことに気づきました。例えば、旅行をして1カ所にとどまらない生活は、生活の質を上げると同時に支出を減らしてくれます。子育てにも同様の前提が存在しているようです。つまり、子どもが幸せで健やかに成長するためには、たくさんお金を使わなければならないと考えられているのです。

ところが、真実がむしろその逆だったらどうですか？　ほかの人よりもお金をかけずに子どもを育てられ、その上より質の高い生活を与えられたら?

私はまさにそうした子育てを実践している早期退職者から話を聞きました。ジェイコブソン夫妻、マッカーリー夫妻、ピート・アデニー（通称Mr. Money Mustache）は、FIREのコミュニティの中で知り合った友人たちで、いずれも子どもがいながらにして30代でリタイアしました。

ジェレミー・ジェイコブソンは息子と妻と一緒に世界中を旅しています。ジャスティン・マッカーリーは3人の子持ちで、家族と一緒にノースカロライナ州ローリーに住んでいます。ピートも息子がひとりいて、コロラド州ロングモントに住んでいます。私は彼らの経験をぜひ知りたいと思っていました。どれくらい子育てにお金をかけ、どのような生活を家族と送っているのか。控えめに言っても、彼らの答えは驚くべきものでした。

ここからは、早期退職した彼らがどのようにお金を使っているのかを7つの項目に分けて見ていきましょう。

住居

もはやお決まりですが、住居費が最も大きな支出項目で、総額の29パーセントを占めます。18歳までに子どもひとり当たり6万7746・90ドル、つまり月313ドルかかることになっています。私はこの項目に最も懐疑的でした。米農務省によると、住居費には住宅ローンの返済、固定資産税、保険、維持費などが含まれます。つまり家を所有する費用です。多くの夫婦は子どもがいないときは賃貸ですが、子どもができると家を買うという前提で、賃貸よりも持ち家の方が費用がかさむからこそ子育てにプラスの住居費がかかるのです。

ジャスティンは3人の子どものスペースのために600平方フィート［56平方メートル］ほど家を増築し、1万8000ドルかかったと言います。年間では1500ドルの費用で、子どもひとり当たり500ドルです。海外に住む米国人のジェレミーは「死ぬまで賃貸」を標榜しており、台湾でワンベッドルームの部屋を月1323ドルで借り、子どもと一緒に寝ています。子どもが成長して自分のベッドルームが必要になれば、ツーベッドルームの部屋に引っ越す予定です。およそ月350ドルの追加支出になるでしょう。米農務省が報告した平均ほどの支出となります。ピートは子育ての費用はどこに住むか、どんな暮らしをするのかに左右されると考えています。彼は物価の高いコロラドに住んでおり、ベッドルームを1部屋増やすとおよそ200平方フィート必要で、住宅価格が6万ドルほど上がる計算になります。住宅ローン金利が4パーセントなので、月200ドル、年間2400ドル返済額が増えます。彼は米農務省が算出した子育ての住居費は高いものの、極端な数字ではないと考えています。ピートは住居費を抑えるには、「常により小さい家に住むようにし、最初はぼろ家を買って、洗練されたリノベーションを自分でやれるようになるべきだ」と話しています。

食料

食費は次に大きな支出項目で、総額の18パーセントを占めます。子どもひとり当たり4万2049・80ドルで、18年分の金額なので月に直すとおよそ200ドルです。

食費は最適化によって抑えるのが最も難しい支出だと思っているかもしれませんが、3組の早期退職者はいずれも平均を大きく下まわる支出に抑えています。ジャスティンはAldiやLidl、Walmart Supercentersなどのディスカウントストアを利用することで、子どもひとり当たりの食費を月およそ100ドルに抑えています。米農務省が報告した平均の半分です。

ピートはコストコスタイルの大量購入を利用するつましい家族であれば、子どもひとり当たり1日4ドル、月に直すとおよそ122ドルに抑えられると見積もっています。支出額の低さだけではなく、ピートは食事の質や自身の健康にもこだわりを捨てません。自称「死ぬまで健康マニア」として、新鮮な自然食材しか買わないのです。ジャンクフード、デザート、炭酸飲料類は決して買いません。ただ、もしあなたが金曜日のテイクアウトやホールフーズ〔米国のやや高級志向の食料品店〕での買い物なしには生きられないタイプであれば、食費はゆうにその

4倍にはなるでしょう。

保育サービス

耳にタコができるほど聞いたことがあると思いますが、保育にはお金がかかります！　保育所と幼稚園の費用は新しく親になった夫婦の支出項目の中で、常に最上位に顔を出します。大都市に住んでいる場合は特にそうです。米農務省によると、保育サービスの費用は総額の16パーセントを占める3万7377・60ドルです。親が働いているときに子どもを見てくれる人は必ず必要になるので、どうしても欠かすことのできない費用です。

ところが、ジャスティン、ジェレミー、ピートは私たちに大切なことを思い出させてくれました。もしリタイアしていれば、保育所や幼稚園は必要ありません。働きに出る必要がないため、この支出がゼロになります。ピートは子どもを持つ前に、あなたの支出や生活、労働状況を整理しておくことを勧めています。

移動

交通費は子育ての費用のうち15パーセントを占め、3万5041・50ドルになりますが、この支出項目はとりわけ不可解です。ただ、米農務省が交通費をどのように定義しているのかを調べてみると、その理屈が明らかになります。彼らによれば、交通費には自動車の購入費、ガソリン代、保険料、維持費、修理費が含まれます。つまり、親は赤ん坊を連れてまわるために、車を買うと想定しているのです。もしあなたが実際にそうしたいのであれば、この金額で問題ありません。ただ、ピカピカの新車のステーションワゴンが必需品であるかのようなふりはやめましょう。ほかの早期退職者たちは子どもの交通費を抑えるために、中古車、カーシェアリング、公共交通、自転車などを利用してきました。

さらに驚くべきことに、米農務省は子どもが16歳になったときにプレゼントとして買う車を必要経費として計上しています！　この項目の支出が大きくなるのは当然なのです！

私の知り合いの専門家は、この数字がインチキだと断言します。ジャスティンは米農務省が想定することを実際にすべてやってきました。子どもたちを乗せるために大きな車を買い、娘には16歳になったら車を買ってあげるつもりです。ほかの兄弟が大きくなったときに、その車をシェアできるからです。ただ、彼らが使っている中古のミニバンはたったの８０００ドルで、ガソリン代と維持費はおよそ年間３０００ドルです。娘にもおよそ５０００ドルの中古車を買うつもりで、ガソリン代と保険料を含めても追加で２０００ドルの費用です。全部合わせても、ジャスティンは家族の2台の車におよそ1万４０００ドルしか使わない予定です。

自転車愛好家で自動車を持っていないジェレミーは、私の質問を笑い飛ばしました。彼の交通費は合わせて１５０ドルくらい（ベビーカーの費用）です。彼は息子に車を買ってあげるつもりもありません。彼自身がその必要性を感じないからです。彼は息子と公共交通機関か自転車を使って台北市内を移動する方が好きです。ピートは運転にかかる費用は平均しておよそ1マイル［1・6キロ］当たり50セントと計算していますが、燃費の良い中古のハッチバックを現金で買って運転すれば費用をその半分に抑えられ、車の運転時間を短くするような生活を送ることで費用はさらに抑えられると言います。徒歩、自転車、スクーターが彼の息子のサイモンも通学に使っているお気に入りの移動手段です。ピートは車を運転する必要がないよう、住む家をサイモンの学校から1マイル以内の場所に戦略的に選びました。ピートに息子に車を買ってあげるつもりですかと質問すると、彼は「子どもがまだ10代のうちに車を買ってあげて、いまのような最高の環境を壊そうとする親なんかいないよ。子どもに車を買うなんて残酷な仕打ちだよ」と答えました。

医療

確かに米国の医療費は高額ですが、旅行をしながら国外居住者保険を利用するという選択肢があります。米農務省は医療費が子ども一人当たり平均して年間1500ドルと発表していますが、米国を除いた国々で利用できる国外居住者保険は扶養家族一人につきたった400ドルしかかかりません。ジェレミーは家族と世界を旅していますが、家族全員の旅行保険の保険料は合わせて月100ドル以下です。

衣類

米農務省は子どもひとり当たり衣類に1万8000ドルかかると計算しています。これはおかしな話で、成人の女性である私自身も服にそれほどお金をかけていません。ジャスティンは家族5人合わせても、年間1000ドルしかかけていないと言います。つまり、子どもひとり当たり18年間で3600ドルです。ジェレミーは冗談で、これまでの人生すべて合わせても服には1万8000ドルしか使っていないと言います。ピートは子どもの洋服代を抑える秘訣は、自分より大きな子を持つほかの親からのお下がりだと言います。ただ「譲ってほしいとお願いする」だけです。そうすれば、子どもが大きくなってこれまでの服が着られなくなっても、それほど負担を感じることがなくなります。唯一の例外が靴で、靴に関してはピートも新品を好みます。それでも息子のサイモンの衣類の費用は年間たったの500ドル、つまり米農務省の数字の半分だということです。

その他

「その他」には身のまわりの手入れの費用（散髪、歯磨き）、娯楽（ポータブルメディアプレイヤー、スポーツ用品、テレビ、パソコン）、読み物（教科書以外の本、雑誌）などが含まれます。総額のたったの8パーセントにすぎず、18年間で1万8000ドルなのでほかの項目と比べるとおかしな金額ではありません。実際、専門家たちもこの数字には異論はなく、彼ら自身も9000〜1

万8000ドルは使っていると言います。

総額

米農務省の推計によると、子どもを持つ費用は総額23万3610ドルということになります。そして次の数字が私たちの専門家が実際に子育てにかけた費用です。ジャスティンは子どもひとり当たり年間2600ドル、18年間で4万6800ドルで、同省の推計の4分の1以下です。もし子育てに伴う税優遇を計算に入れれば、純費用はひとり当たり年間500ドル程度だと彼は指摘しています。さらにジェレミーは税金を考慮に入れると、子どもを持つことで収支はプラスになったと言っています！　ピートはひとり当たり年間8340ドル、18年間で10万80ドルだと推計しています。それでも同省の数値の半分以下です。

子どもを持つ3組の経済的自立を達成した親の数字を見る限り、戦略的な支出を心がけて過度に無駄な支出を控えることで、子育ての費用は、どこに住むのかにもよりますが、米農務省の数字の半分から4分の1程度ということになります。

ジャスティンとジェレミー、ピートの3人は全員、子育ての支出についての詳細を彼らのブログに書いています。もっと詳しく知りたい方は、ぜひ彼らのブログRootofGood.com、GoCurryCracker.com、MrMoneyMustache.comをそれぞれご覧になってください。

① 学齢期の子どもと世界を旅する

子育ての費用にまつわるいくつかの通説を覆してきましたが、最後に残る重要なテーマについてこれからお話ししましょう。教育です。子どもとの旅行は幼児であれば問題ないかもしれませんが、子どもが学齢期に到達すると、そうした旅行はやめなければなりません。そうですよね？

正直な話、私たちもそう思っていました。ほかのみんなと同じように、子どもができた瞬間、すべての楽しい時間が終わりを告げると思っていたのです。だからこそ、私たちはいまのうちに世界を旅行しておこうと考えたのです。家族をつくって落ち着く前に、羽目を外しておいた方がいいと思いました。ところがショッキングなことに、これは真実ではありませんでした！　そんな通説を物ともせず、ただ旅行を続けるだけではなく、旅行をしながら子どもを育てているグループがいたのです。

私たちが数年前、メキシコのトゥルムに滞在していたときです。セノーテ〔石灰岩台地に自然にできた深い穴〕でダイビングしたりウミガメと戯れる合間に泊まっていたAirbnbでほかのゲストと知り合いになったのですが、その中のひとりがオーストラリア出身の女性で、彼女は息子と旅をしていました。

私は彼女に声をかけました。「息子さんと一緒に旅行なんてすごく素敵ですね。学校はこの旅行のために学期の途中で休みを取らせてくれたのですか？」

「そうじゃないの」と彼女は答えました。「息子は従来の学校には通っていないの。私たちはワールドスクーラーなのよ」

私は目をパチパチさせました。「もう一度言ってもらえますか？」

ワールドスクーラーと会ってみてください。この世界が彼らの教室なのです。ワールドスクールというキャッチーな名前は2012年ごろに使われ始めましたが、この活動自体は2000年代初頭、特殊教育を支持するコミュニティがいわゆるデジタルノマドクラウド（インターネットを使ってリモートワークしている働く場所を問わない旅行者）と出会い始めたころに始まりました。従来とは異なる教育方法をノマド的なライフスタイルに合わせる実験を始めたことによって、ワールドスクーリングが誕生したのです。

ワールドスクーリングを実践した第一世代の子どもたちがここ数年で成人の年齢に達しましたが、彼らは変わり者で非社交的で適応力が低いどころか、聡明で社交的で進取の気性に富むということがわかり、メディアで大きな注目を集めました。従来の教育を受けた子どもたちよりも、多くの面で発達していたのです。

私はもっと詳しく知りたいと思い、その活動のリーダーたちに連絡を取りました。彼らのノマド的な教育と私たちのＦＩＲＥにおける取り組みを組み合わせることで、リタイア後に学齢期の子どもと一緒に旅をする際に持ち上がる様々な問題を解決する、全く新しいアプローチが見つかることを期待したのです。

We Are Worldschoolers のフェイスブックグループを開設したライニー・リバーティと特殊教育のコンサルタントでブログ EdventureProject.com の開設者であるジェニファー・スーザーランド・ミラーのふたりが、親切にも非常に有益な情報を提供してくれました。ふたりともワールドスクーリングの環境で自分の子どもたちを育て、いまは同じ環境で子育てをしているほかの家族を支援しています。

安定的なコミュニティの欠如による子どもの社会性への影響は?

これこそがワールドスクーリングのコミュニティの人たちが真っ先に訊かれる質問のようです。ワールドスクーリングは子どもたちを変わり者で非社交的な人間に育てるのではないかと誰もが思っているのです。

もちろんその答えはノーです。これまでは引っ越しを重ねて学校を数年ごとに変えることによって、子どもたちが友だちをつくって友情を維持する能力を損ねてきたかもしれませんが、最近ではインターネットを通してつながることが容易になり、引っ越しはそれほど大きな問題ではなくなりました。ワールドスクーラーには自分たちのコミュニティがあり、いたるところで継続的に会合が開かれています。子どもたちはそのイベントでほかの子どもたちと交わり、友情を築き、離れ離れになってもソーシャルメディアで連絡を取り続けます。キャンピングカーやトレーラーハウスで米国やオーストラリアをまわるなど、しばらくの間一緒に旅行する家族もいます。

また、ワールドスクーリングは従来の学齢期の子どもたちが日々対処しなければならない既存の社会問題を見事に解決してくれます。ワールドスクールの子どもたちは自分たちの社交サークルを自分たちで選び、両親も深く教育にかかわります。そのため、非行やいじめ、派閥、オンラインハラスメントといった問題が非常に少ないのです。家族は1つの地域や学区に縛りつけられていないため、親と子どもが誰と時間を過ごすのかをコントロールできます。

極端な例を言えば、米国で頻発する学校内での銃乱射事件について考えてみてください。こういった事件が子どもたちの心にどれほど大きな不安やフラストレーションをもたらしているでしょう？　ところが教育のほとんどをインターネットで受けているワールドスクーラーの家族にこの問題を当てはめてみるとどうなりますか？

そんな事件は起こり得ませんよね？　ワールドスクーリングには標的となる物理的な学校がないため、校内での銃乱射に対する完璧な防衛策になるのです。

ワールドスクーリングの仕組みとは？

これは答えるのが難しい質問です。ワールドスクールには唯一の「正しい」方法などないからです。ここでは大まかな中身を理解してもらうために、中核的なコンセプトをいくつか紹介します。

ワールドスクーリングのスタイルは幅広く、生徒主体のアンスクーリング（モンテッソーリ教育に似ています）から、従来の教室での学びを主体とした「クラシカル」として知られるスタイルまであります。その中間に無味乾燥な教科書よりも環境と物語を重視したシャーロット・メイソンや、文化的イマージョンとインターナショナルスクールを重視したサードカルチャーキッド（TCK）などがあります。ただ、すべてのやり方に共通しているのは、この世界が子どもたちにとって最も中心的な学習ツールだということです。

例えば、ワールドスクーラーは教科書でベトナム戦争について学ぶのではなく、実際にベトナムに足を運んで、大きな戦闘が繰り広げられた戦地を訪れたり、戦争を経験した人にインタビューしたりします。彼らはほかの文化に没入し、地元の人に話しかけることで異なる言語を学びます。為替レートを計算することで算数を学び、学習した山に登って地理を学び、星の位置から進行方向を決めることで天文学を学ぶのです。

つまり、ワールドスクーリングとは座学ではなく実践的学習なのです。

宿題はどのようにして点数がつけられるのか?

もしあなたが私と同じような学校に通っていたら、テストを受け、点数をつけられ、成績が返ってくるという一連の経験になじみがあるはずです。ワールドスクーリングでは仕組みが少し異なります。世の中には多様なスタイルがあるということを忘れないでください。宿題やテストはあくまで生徒の理解度を確かめることが目的であり、点数を与えることが目的ではないはずです。

つまり、生徒が宿題やテストをやり終えたら、その成績をほかの生徒と比較するための尺度として用いるのではなく、正しい解答をしたら称賛し、解答を間違ってもそこから学ぶためのツールとして活用すればいいのです。間違った解答をした生徒を罰するのではなく、親はテストの結果を利用して生徒の学習を導き、足りない知識を補ってやればいいのです。知識が固まるまでは、好きなだけ何度もテストを受けてかまいません。

もし親に教育の経験がなければ？

好奇心の強い親にとっては、ワールドスクーリングは興味をそそられるかもしれませんが、子どもの教育の責任を持つということは大変なことです。人に教えた経験がない人にとっては特にそうです。

正直な話、ワールドスクーリングを実践している親の大半は教育の経験があります。運動自体は2000年代初頭に始まりましたが、このアイデアがうまくいくかどうかほとんど確証がありませんでした。そのためもちろん、初期の実践者たちはきちんとした訓練を受けた教育の専門家ばかりでした。子どもを新しい学習環境の中で導き、成功させるスキル（と勇気）があったのです。

それから20年が経ち、初期の実践者たちは子どもを無事に高等教育に送り届け、自分たちの経験を公表し始めています。彼らはブログを書き、本を出版し、彼らの運動は200人規模から5万人を上まわる規模にまで拡大しました。

あなた自身が新たな道を開拓する必要はありません。ほかの人がすでにやっているので、単に彼らのやり方をまねすればいいだけです！　私はいつもそうしてます。

ワールドスクールの子どもたちは従来の学校に戻れるのか？

人々は学校教育とは「滝」のようなモデルだと教えられています。子どもの第一段階での成績が第二段階への合否を決め、第二段階での成績が第三段階への合否を決めるといった考え方です。どこかの時点でしくじれば真っ逆さまに転落し、その子どもの教育と人生は再起不能となり、最終的にハーバードには不合格で、橋の下で暮らすような生活を送るといった具合です。

ところが現実では、子どもたちはいろいろな理由で学校教育を途中で中断させられます。家族が仕事で引っ越さなければならないときもあれば、カナダへ移住した私たちのように国境を越えなければならないときさえあります。難民や亡命する家族のように、受け入れ国に認めてもらえるような学校制度が整っていない国だってあります。

私たちはずいぶん以前に、標準的ではない教育を受けた子どもたちを従来の学校教育に復帰させる方法を見つけ出しました。つまり、ワールドスクーリングは一方通行の決断ではないのです。試してみて自分（もしくは子ども）に合わないと思えば、いつでも従来の学校教育に戻ってかまいません。新しい町に引っ越す転校生が経験することと同じプロセスを踏むことになるだけです。

第15章の要点

▼**子育てには巷で言われているほどお金がかかりません。**

・保育サービス費など多くの支出はリタイア後には必要なくなります。

・ピート・アデニーは息子と一緒にコロラドでリタイアしました。ジャスティン・マッカーリーは3人の子どもとノースカロライナでリタイアしました。ジェレミー・ジェイコブソンはリタイアし、息子とノマド的な生活を送っています。3人とも普通の親の数分の1の費用で子どもを育てました。

・詳細については彼らのブログ（MrMoneyMustache.com、RootofGood.com、GoCurryCracker.com）をのぞいてみましょう。

▼一緒にずっと旅をしながら子どもを教育している親たちのグループがあります。彼らはワールドスクーラーと呼ばれています。

・詳しく知りたい方は、ブログ EdventureProject.com、もしくはフェイスブックグループ www.facebook.com/groups/worldschoolers をのぞいてみましょう。

出典

EdventureProject.com

Facebook.com/worldschoolers

GoCurryCracker.com

MrMoneyMustache.com

RootofGood.com

第16章 早期リタイアの負の側面

「わ、私たち何でわざわざこんな目に遭うような生活をしようと思ったの？」

シートの肘かけを汗ばんだ手でしっかりと握りながら、私は窓から外を見つめ、飛行機の揺れが収まるのをひたすら願っています。ダラスからキト〔エクアドルの首都〕へ向かう途中で、私たちの飛行機は乱気流に巻き込まれました。私は「大丈夫です。すぐに落ち着きます」という機長のアナウンスを期待していましたが、機内のスピーカーは沈黙したままでした。

1年に23回も飛行機に乗っているので、私が「rough air（荒い気流）」（航空業界お気に入りの婉曲表現）には慣れたと思っているかもしれませんが、全くそんなことはありません。機体が上下に激しく揺れ、飲み物がいたるところで散乱する中、私は目を閉じてめまいと吐き気を感じていました。

深く息を吸って、深く息を吐いて。私ならできる……。

5時間後、生まれて初めて息をのむようなキト（海抜9000フィート［2700メートル］に佇む雲霧林の都市）の絶景を目にすると、怖かったフライトの思い出もすぐに忘却の彼方です。

恐怖心は私たちの心をのみ込みます。ほかのあらゆるものがどうでもよくなるほど、私たちの思考を鈍らせるのです。ところが、現実はそれほど恐ろしくないことの方が多いです（論理的には、揺れている747に乗っている方が毎日職場まで車を運転するよりも安全だというのはわかっていますが、だからといって私が恐怖を感じないわけではありません）。リタイア直前の読者の方からメールをいただいたとき、彼らが口をそろえて言うのは「恐怖心の壁」（ピート・アデニーが生み出した言葉）についてでした。ワクワクする気持ちよりも、うまくいかないかもしれないという恐怖心の方が勝るのです。

彼らを責めるつもりはありません。私も同じように、リタイア直前に恐怖心の壁に直面しました。マトリックスの世界に10年ほどいると、仕事が自分のすべてになってしまいます。仕事がアイデンティティと属している社会集団の中核を占めるため、仕事を辞めること（どんなにストレスを感じ、どんなに仕事が嫌いでも）がアイデンティティの危機をもたらすのです。

これこそが「あと1年症候群」です。この症状にかかった人はポートフォリオが4パーセントルールではじき出される金額を超えても、現金クッションと利回りシールドを用意できても、宇宙船が離陸する準備を整えても、あと1年働けばリタイア後の生活がより安泰になると思ってしまいます。当然その1年後には、こう考えます。ポートフォリオの金額は大きくなったけど、もう1年働けばもっと安泰になる……。そのような思考を繰り返し、決して飛び立つことができません。

それでかまいません。恐怖心は無視すべきものではありません。ロックコンサートの最中に眠ろうとするようなものです。無視したところで消え去るわけではありません。恐怖心は役に立ちます。恐怖心がなければ、我々の祖先ははるか昔にマンモスの餌食になっていたはずです。恐怖心は生存のために必要なのです。ただ、人生とはベッドの下にずっと隠れて、リスクを取らないことが大切なのではありません。人生とは思い切って飛び立ちながら、万が一のためにパラシュートを用意しておくことが大切なのです。

恐怖心の壁を乗り越えるために、早期リタイアとは切り離せない懸案事項をあらかじめ克服しておく必要があります。

1. お金が底をつく
2. コミュニティの喪失
3. アイデンティティの喪失

お金が底をつく

リタイア直後の5年の間に下落相場で資産を売却し、ポートフォリオを大きく毀損してしまうと、お金はすぐに底をつきます。これはシークエンス・オブ・リターン・リスクと呼ばれ、利回りシールドや現金クッションなどの戦略とともにすでに第11章でお話ししました。

そのほかにも、想定外の高額な医療費が原因になることもあります。あなたが米国人であれば、これは間違いなく大きなリスクです。また、急激なインフレや想定外の子育て費用も原因になり得ますが、それらについてもすでにお話ししています。

リタイアしてから3年が経ち、最初の年に株式市場の急落を経験した私たちが言えることは、お金が底をつく恐怖心を過剰に持つ必要はないということです。私たちの純資産は30万ドル増え、生活費は年々少なくなっています。カナダを出発したころよりも安泰で豊かになっているのです。

お金が底をつく心配をする必要はありません。ただ、友だちがいなくなる心配はどうでしょう？

⑪ コミュニティの喪失

あなたが働いているときは、会社の同僚があなたが属する社会集団です。リタイアすれば、孤独で寂しい生活を送り、友人たちがみんな働いているときに下着のままネットフリックスを見ているのでは？　旅行する生活を始めれば、友人や家族全員を置いていくことになるのでは？　異なる道を選んだため、友人があなたに嫉妬や怒りを感じ、彼らを失ってしまうのでは？

これらはすべて真っ当な疑問です。私たちもプロフィールをどこかの媒体に掲載するたびに、何千もの怒りのコメントが寄せられます。あなたを嫌う人もいくらでも出てくるでしょう。ただ、私は彼らのことを悪意があるとは思わず、むしろ面白いと思います。

一緒に夜中にピザを食べる友人たちは、あなたに炭水化物ダイエットをしてほしくありません。あなたの失業仲間はあなたが仕事に就いて、昼間一緒に遊べなくなることを望んでいないはずです。それと同じで、あなたの仕事仲間もあなたにリタイアしてほしくはないのです。彼らがあなたを嫌うとしたら、それはあなたの行為が自分の生活に疑問の目を向けさせるからなのです。

ネットで辛辣な言葉を浴びせられてわかったことは、人々があなたの選択に怒りを感じているとき、怒りの対象はあなたではありません。彼ら自身なのです。あまりに見え透いた心理であり、他人の怒りはむしろ名誉の勲章なのです。あなたがシステムから脱したとき、その行為は彼らにしっかりと自分自身を見つめ直すよう働きかけるのです。自信のある人はあなたの選択をうれしく思うでしょう。一方で、不幸な人は自分たちの人生を否定されたと感じてあなたを責めるのです。ＣＢＣ（カナダ放送協会）の番組で私たちの生活が取り上げられたとき（これまでに４５０万回以上視聴されています）、家族のひとりは私の電話に出なくなりました。私の母は「だから何なの？　あなたは家も持っていないじゃないの」と言い、父は「まだ貯金は十分じゃないだろ。もう一度仕事に戻りなさい」と言いました。どんなに数字を使って説明しても、父の考えは揺らぎません。これらは感情的な反応であり、論理的な反応ではないのです。

ただ、幸いにもこのような冷たい態度は長くは続きませんでした。私たちが３年間幸せな生活を送ると、そうした拒絶反応がほとんど好奇心に変わっていったのです。私たちを避けていた家族は最近、お金についてアドバイスを求めてきました。私の父は生まれて初めて「お前のことを誇りに思っている」と言ってくれました。ペンギンから本を出版することは難しいと思っていましたが、喜ばせることが不可能な両親から認めてもらうことに比べれば大したことではありません。

リタイアしてから年月が経つほど、ますます自分に自信が持てます。仮に人とは違う道を歩んだことで友人が離れていっても、そんな友情はそもそも続ける価値のないものなのです。

①新たなコミュニティ

この何年かの間、私たちは何人もの友人の仮面をかぶった敵に別れを告げました。その瞬間は不快な思いをしますが、あの種の有害な関係はあなたの足を引っ張るだけです。真の友人というのはあなたが共に人生を過ごしたいと思える人です。リタイアの最も大きな利点の1つは、世界中の新たな真の友と知り合いになれるということです。私たちは働いているとき、外の世界に飛び出して、人々と会う時間や余裕がほとんどありませんでした。誰からもあまり支持を得られない中で、リタイアすることに恐怖を感じていたのは当然でした。リタイアしてから、私たちの心は開かれたのです。

2017年に私は初めてシャトーカ集会でのスピーチを依頼されました。毎年、世界中の様々な場所で開催されており、その年は英国で開催されました。経済的自立運動のリーダーのひとりであるJL・コリンズが主催しているこの1週間に及ぶ集会では、既存の枠にとらわれない考え方が求められ、経済的な目標に到達するための心身両面でのサポートが提供され、国際色豊かな真の友人と知り合える機会を与えてもらえます。私たちは結果的に人生で最良の数週間を過ごすことができました。その大きな理由は次の一言でまとめられます。

「あなたは私の仲間です」

集会で出会ったすべての人が好奇心旺盛で、心が広く、思いやりがあり、決して私たちのことを批判しませんでした。この経験から、私たちはありのままの自分を愛してくれる人と最良の関係を結べるということを学びました。彼らはあなたに合っていない箱にあなたを押し込めようとはしません。ありのままの自分を受け入れてくれる人を見つけてくれるのがシャトーカなのです。それ以来、私たちは世界中のこの新たな友人たちと再会してきました。

アイデンティティの喪失

会場の中には長蛇の列ができていました。列に並ぶ人たちは興奮した様子で小声でしゃべっており、つま先立ちをして前をのぞいている待ちきれない様子の人もいました。

誰のためにみんな並んでいるのかしら？　私は不思議に思いました。

彼らがどの作家を待っているのか知ろうと思い、私は首を伸ばして列の先にあるテーブルをのぞいてみました。テーブルにはまだ誰もいません。本が積み上げられているだけです。赤いカバーの本で、表紙には漫画の少女が描かれています。タイトルには大きな白字で Little Miss Evil と書かれています。

ウソでしょ！　私が書いた本じゃない！　彼らが待っていたのは私だったのです！

ニューヨークで開催されたブックエキスポ・アメリカのサイン会場で、私は信じられない思いでした。7年間産みの苦しみを味わった末に、私はついにやったのです。ブライスと私は新米作家でしたが、私たちの児童小説である『Little Miss Evil』のサイン本を待っている人々が列をつくっていたのです。

私が第3章で「(まだ)自らの情熱に従ってはいけない」と言ったことを覚えていますか？この「まだ」の部分については説明を加えてきませんでしたが、晴れて経済的自立に到達したあかつきには、好きなように情熱に従ってもらってかまいません。

夢を叶えるというのはこの世で最高の気分です。ただ、あくまでキャットフードを食べて飢えをしのぐ心配がなければです。もし経済的自立に到達する前に好きな情熱を追いかけていれば、私はまさにそうなっていたでしょう。まずお金持ちになって、それから夢を追いかけましょう。もしその順番を間違えれば、大きな困難に陥るかもしれません。

どうしてわかるのかって？ 私のサイン入りの本を待っている人々が長蛇の列をなしていましたが、私がその7年間の産みの苦しみと数々の門前払いの結果得た印税はたったの数千ドルでした。

そこからさらに、税金やそれまでの学習(ライティングの授業、本、第三者の意見)に費やしたお金が差し引かれるのです。

誤解してほしくないのですが、私はエンジニアとして稼いだ大金よりも本を書いて稼いだわずかなお金により大きな誇りを感じています。ただ、もしその収入に頼って生活しなければならないとしたら、ストレスで気がおかしくなっていたでしょう！　経済的自立に到達するまで待っていたからこそ、次のお金の出どころを心配することなくその瞬間を楽しめたのです。

私が「（まだ）自らの情熱に従ってはいけない」と言い、ＰＯＴスコアを使ったアプローチを推奨してきたのは、夢を追いかけようとする人々の間に共通する次の3つの大きな不安の中で、十分に才能がないかもしれないという不安が最も大きかったからです。

1．十分な才能がなかったらどうなるのか？
2．情熱を傾ける仕事で十分なお金を稼げなかったらどうなるのか？
3．競争があまりに激しかったらどうなるのか？

彼らを責めたりはしません。失敗は恐いです。それは個人的な経験からわかります。私も自分の本が出版されるまでは、エージェントや出版社から何度も断られました。悔しくて胸をえぐられるような経験でしたが、すべてが必要なプロセスの一部だったといまではわかります。

スキルを磨くには、十分うまくなるまで何度も失敗を繰り返さなければなりません。転んで顔を地面にぶつけている間は1セントも稼げないのです。

もし私が信託基金を持っていれば大丈夫ですが、私にはありませんでした。物書きの仕事に打ち込む余裕をつくるために、高給の仕事を得て、しっかりとした投資ポートフォリオを築かなければなりませんでした。その間は物書きの仕事はあくまで副業です。経済的自立に到達したあかつきには、印税で生活できなくてもフルタイムで書くことができました。

幸運な人は自分の情熱を傾けるものがお金を稼げる分野である場合があります。もしあなたがそうであれば、それはすばらしいことです。ただ、それ以外の人はほかの道を見つけなければなりません。あなたも失敗するでしょう。それには痛みが伴います。それでもあなたの生活費を賄ってくれるポートフォリオさえ築いておけば、失敗による痛みは感情的なものだけで、金銭的なものはありません。結局、明かりが消えないかどうか心配している間は、創造力を発揮し続けることはできないのです。

作家になった後、私はすぐに競争の真の厳しさを思い知らされました。ニールセン・ブックスキャンによると、追跡している120万冊の本のうち、5000部以上売れるのはたったの2万5000冊（2パーセントをわずかに上まわる割合）だけです。パブリッシャーズ・ウィークリーによると、1冊の本の売り上げ部数は平均してたったの500部です。本を出版する実力のある作家でさえそれだけなのです！　無事に本を出版できた作家ひとりひとりの背後には、なかなか本を出版してもらえない作家予備軍が数千人控えています。経済的自立は鎧のようなものだと思ってください。その鎧は前述した誰もが抱える不安からあなたを守ってくれます。

お金を1セントも稼ぐ必要なく、夢を追うことに専念することができるのです。あなたは経済的には無敵になるのです。

私たちの読者の多くはリタイアすればアイデンティティを失うのではないかと心配していますが、実際にはより理想的なアイデンティティをつくる機会が与えられるのです。恐くて追うことができなかった子どものときからの夢がある？　いまこそ挑戦するときです。もしその夢でびた一文稼げなくても？　全く気にする必要はありません！　あなたのポートフォリオが生活費を賄ってくれるため、恐れることなく前へ進むだけです。

私たちはWe Need Diverse Booksという非営利団体の活動に参加しています。児童文学の多様性を高める活動をしている団体です。お金のことを気にせずに人助けができるのは最高の気分です。もし自分に起業家マインドがあると思っている方も、心配しないでください。生活費の心配がないので、何度でも失敗から学ぶことができます。

これまでのアイデンティティを捨て、より理想的なアイデンティティを確立しましょう。

経済的に自立するということは、必ずしも嫌いな仕事を辞めて世界を旅するということではありません。選択肢を持つということです。もし仕事を愛しているなら、ぜひその仕事を続けてください。ＦＩＲＥとは「Financial Independence Retire Early（経済的自立、早期リタイア）」の略です。ただ、「ＲＥ」の部分はあなた次第です。好きな仕事を失ったり、うまくいかなかったときにあなたを守ってくれる鎧をつくるのは「ＦＩ」の部分だけです。

経済的に自立するということは、好きなように人生をデザインするということです。4パーセント取り崩すだけで1年間の生活費を賄えるほど大きなポートフォリオを構築すれば、仕事は必須ではなく選択肢になります。私たちのように完全にリタイアして世界を旅したいのであれば、そうしてください。もし自分の仕事が好きなら、より柔軟なスケジュールで働き続けてください。もし子どもや家族、ペットともっと長い時間を過ごしたければ、そうすることもできます。

人と違うことをするときには不安はつきものです。ただ、飛行機で乱気流に巻き込まれたときに感じる恐怖感のように、それはほとんど想像の産物です。飛行機から無事に地上に降り立ったときには、何をあんなに恐れていたんだろう？　と不思議に思うでしょう。

オフィスの仕切られたデスクに別れを告げてから3年が経ちました。私たちはいまではどうしてあんなに変化を恐れていたのか不思議でなりません。私は自分たちの新しいアイデンティティを愛しています。昔の怒りっぽくて働きすぎていたアイデンティティを失ったことに全く後悔はありません。もしあなたも経済的に自立すれば、同じように後悔しないでしょう。

第17章 自由になるのに100万ドルは必要ない

私たちのブログの読者から頻繁に寄せられる質問の1つが、「あなた方はエンジニアとして10万ドル以上の給与を稼いでいましたが、私はそれほど高い給与を稼いでいません。それでも早期リタイアできるのでしょうか？」というものです。

そのような懐疑的な見方は理解できます。ＦＩＲＥのコミュニティでは、早期退職者は一般的にエンジニアや弁護士、会計士などの高給職に就いています。あらゆる借金を返した上に、しっかりとしたポートフォリオを築ける金銭的な余裕があるのです。

確かに高給な仕事を選べば、有利なスタートを切ることができます。裏を返せば、そうした高給の仕事を選んでいなければ、死ぬまで働く運命にあるのでしょうか？　あなたの人生は詰んでしまったということでしょうか?

そんなことはありません。平均的な給与の人でも、早期リタイアは可能です。これからそれを数字で証明します。

例えば、あなたが既婚夫婦で、米国の家計所得の中央値である6万2175ドルを稼いでいるとします。(1) 平均的な税率である15・2パーセントを使うと、(2) 税引き後の収入は5万2724・40ドルとなります。支出を最適化(小さな家に住む、物価の安い都市に引っ越す、自炊する、Zipcarなどのカーシェアリングサービスを使う)すれば、年間4万ドルで生活できます。

私たちは物価の高いトロントでもその金額で生活できましたし、友人で早期リタイアしたジャスティン・マッカーリーもノースカロライナ州ローリーで3人の子どもとその金額で生活しています。

つまり、年間1万2724・40ドルをポートフォリオに追加投資することができるということです。税引き後の貯蓄率は24パーセントとなり、4パーセントルールに従うと、経済的に自立するためには4万ドル×25=100万ドル必要だということです。(インフレ調整後で)年間6パーセントという控えめなリターンで計算しても、この夫婦は投資と複利のマジックで30年後には100万ドル貯めていることになります。

次の表がその詳細です。

投資と複利のマジック

年	年初残高	年間かけ金	リターン（6%）	合計
1	0.00ドル	12,724.00ドル	0.00ドル	12,724.00ドル
2	12,724.00ドル	12,724.00ドル	763.44ドル	26,211.44ドル
3	26,211.44ドル	12,724.00ドル	1,572.69ドル	40,508.13ドル
4	40,508.13ドル	12,724.00ドル	2,430.49ドル	55,662.62ドル
5	55,662.62ドル	12,724.00ドル	3,339.76ドル	71,726.38ドル
6	71,726.38ドル	12,724.00ドル	4,303.58ドル	88,753.96ドル
7	88,753.96ドル	12,724.00ドル	5,325.24ドル	106,803.20ドル
8	106,803.20ドル	12,724.00ドル	6,408.19ドル	125,935.39ドル
9	125,935.39ドル	12,724.00ドル	7,556.12ドル	146,215.51ドル
10	146,215.51ドル	12,724.00ドル	8,772.93ドル	167,712.44ドル
11	167,712.44ドル	12,724.00ドル	10,062.75ドル	190,499.19ドル
12	190,499.19ドル	12,724.00ドル	11,429.95ドル	214,653.14ドル
13	214,653.14ドル	12,724.00ドル	12,879.19ドル	240,256.33ドル
14	240,256.33ドル	12,724.00ドル	14,415.38ドル	267,395.71ドル
15	267,395.71ドル	12,724.00ドル	16,043.74ドル	296,163.45ドル
16	296,163.45ドル	12,724.00ドル	17,769.81ドル	326,657.26ドル
17	326,657.26ドル	12,724.00ドル	19,599.44ドル	358,980.70ドル
18	358,980.70ドル	12,724.00ドル	21,538.84ドル	393,243.54ドル
19	393,243.54ドル	12,724.00ドル	23,594.61ドル	429,562.15ドル
20	429,562.15ドル	12,724.00ドル	25,773.73ドル	468,059.88ドル
21	468,059.88ドル	12,724.00ドル	28,083.59ドル	508,867.47ドル
22	508,867.47ドル	12,724.00ドル	30,532.05ドル	552,123.52ドル
23	552,123.52ドル	12,724.00ドル	33,127.41ドル	597,974.93ドル
24	597,974.93ドル	12,724.00ドル	35,878.50ドル	646,577.43ドル
25	646,577.43ドル	12,724.00ドル	38,794.65ドル	698,096.08ドル
26	698,096.08ドル	12,724.00ドル	41,885.76ドル	752,705.84ドル
27	752,705.84ドル	12,724.00ドル	45,162.35ドル	810,592.19ドル
28	810,592.19ドル	12,724.00ドル	48,635.53ドル	871,951.72ドル
29	871,951.72ドル	12,724.00ドル	52,317.10ドル	936,992.82ドル
30	936,992.82ドル	12,724.00ドル	56,219.57ドル	1,005,936.39ドル

この例では、夫婦に野心がなく、給与を上げるために昇進も転職もしないという最悪のシナリオを想定しています。もし昇進や転職で昇給すれば、期間は当然さらに短くなるでしょう。すべての数字はインフレ調整後の実質値であり、あなたの給与と貯蓄がインフレに合わせて増える前提です。より詳細な計算を知りたい方は、補足Dを参照してください。

つまり、10万ドル以上の給与がなくても、可能な限り貯蓄して投資にまわすことで、30年後にはリタイアできるのです。24歳で働き始めたと仮定すると、54歳で（通常の退職年齢である65歳より11年早く）リタイアできる計算です。

この夫婦は通常よりも早くリタイアできますが、もっと早くリタイアすることも可能です。（POTスコアを使う、大学に戻る、昇進する、より高給の仕事に転職するなどして）給与を上げれば、リタイアまでの期間を短縮することができるのです。

これはまさに読者のひとりであるブランドンがやったことです。彼は給与を年間2万4000ドルから11万ドルに引き上げました。彼の家族の中で大学に行った人はひとりもいませんでした。そのため12年もの間、彼は工場で時給7・5ドルで働いていたのです。ところが自己投資して、国際ビジネスと経営情報システムの学位を取るために大学に通ったことで、給与を4・5倍にできました。

新しい仕事を探せば、大学に戻る必要さえありません。韓国で英語教師として働くコルビーを覚えていますか（第12章）？　彼は年間3万ドル稼いでいましたが、最近中国の深圳（しんせん）市で英語を教える仕事に転職し、その給与は2倍になりました。年間4万ドル貯蓄し、投資にまわせるだけではなく、ほかの読者が海外で英語を教える仕事を探す手助けをしています。旅行する生活を楽しみながら、給与を上げることが可能だと彼らに証明しているのです。

私たちはアイスランドで、米国人であるロブとロビンのチャールトン夫妻と出会いました。彼らは43歳でリタイアしています。ロビンの最初の仕事は旅行エージェントで、年収は悲惨な1万4000ドルでした。ただ、彼女は看護師に転職し、ロブは引き続きテクニカルライターとして働き続け、ふたりの税引き前収入は年間8万9000ドルまで上がりました。その結果、より多くのお金を貯蓄と投資にまわすことができ、92万6000ドルのポートフォリオを築いて15年でリタイアできたのです！　ふたりは2007年から世界を旅行しており、WhereWeBe.com で自分たちの冒険について書いています。

もしリタイアまで15～30年も待ちたくなければ？　もっと早くリタイアできる方法はいくつかあります。おそらく耳なじみのある戦略もあると思いますが、サイドFIRE、パーシャルFI、地理的アービトラージです。

サイドFIREという方法

経済的自立とは身にまとう鎧です。一文なしにならないようあなたの身を守り、安心して夢を追いかけることができるようにしてくれるのです。ただ、その鎧をあなたの全身にまとう必要はありません。100パーセント経済的に自立していなくても、役に立つのです。例えば、子どものころから作家になる夢があっても作家の収入では生活できない場合（それが普通です）、フリーランスライターとして年間2万ドル稼いでいれば、必要なポートフォリオの金額を2万ドル×25＝50万ドル分減らすことができます。

私たちがサイドＦＩＲＥと呼ぶやり方です。「リタイア」後もサイドハッスル（副業）を持てば、100パーセント経済的に自立しなくてもＦＩの果実を享受できます。サイドハッスルの力を借りて夢を追いつつ、ポートフォリオからの収入によって生活費を助けてもらうやり方です。前述の例えで言うと、ポートフォリオからの収入が4万ドルの生活費の半分をカバーし、サイドハッスルからの収入が残りの半分をカバーするということです。

フルタイムで働いている間にサイドハッスルを始めることで、実質的には一石三鳥になります。収入を増やして貯蓄率を上げ、新たなスキルを習得し、さらに9時5時の仕事とおさらばするのに必要なポートフォリオの金額を少なくできるのです。

税引き前で年間6万2175ドルの家計所得を稼ぐ夫婦に戻って話をすると、彼らがもしフルタイムの仕事を辞めた後もパートタイムの仕事やサイドハッスルで年間2万ドル稼げば、ポートフォリオからのパッシブインカムとして必要なのは4万ドル－2万ドル＝2万ドルだけになります。4パーセントルールで計算すれば、サイドＦＩＲＥに到達するために必要なのは

2万ドル×25＝50万ドルになるのです。

税引き後収入の24パーセントを貯蓄にまわすと、計算は275ページの表のようになります。

サイドハッスルで年間2万ドル稼げば、その夫婦は経済的自立に到達するまでの期間を9年間短縮できます。私が無事に小説家になったときでさえ、小説からの収入では生活するには足りなかったと言ったことを覚えていますか？

年間5000〜1万ドルと聞くとはした金のように聞こえますが、サイドFIREに到達し、それが補足的な収入であればそこそこの金額です。5000ドル分のパッシブインカムが必要なくなるのです。4パーセントルールに従えば、フルタイムの仕事と別れを告げるために必要なポートフォリオの金額が12万5000ドル分も少なくなります。それだけのお金を貯めるのにどれほどの年月が必要か考えてみてください。

サイドハッスルは、それ単独では経済的自立を実現できないものの、パッシブインカムを生み出すポートフォリオとの合わせ技で、人生を一変させるのです。もし、あなたのサイドハッスルがあなたの情熱を傾けられるものであれば、三重においしいです。必要なポートフォリオの金額を少なくし、情熱を追いかけることができ、さらに副収入を生み出します。自由になるためには100万ドルも必要ありません。リタイア後に稼ぐ収入を十分に補えるだけのポートフォリオが必要なのです。

サイドハッスルでどのようにお金を稼げばいいのかについては、グラント・サバティエの『ＦＩＲＥ 最速で経済的自立を実現する方法』やクリス・ギレボーの『１万円起業』をぜひお読みください。

パーシャルＦＩ

サイドハッスルに興味がない？　仕事は楽しく、もう少し柔軟に働きたいだけ？　家族や友人と一緒に過ごす時間がもっとほしいだけ？　そんなあなたにはパーシャルＦＩがあります！完全に経済的に自立しようとした場合、ポートフォリオがもたらすパッシブインカムだけで生活費をすべて賄わなければなりません。

一方、働く時間をパートタイムに抑えたり、ミニリタイアやサバティカル〔使途に制限がない長期休暇〕を選択できるコントラクター〔個人請負業者〕になれば、パーシャルＦＩによってそのような柔軟な働き方や自由が可能となります。看護師など資格を維持するために一定の労働時間が義務づけられている仕事をしている人には、特にこうした道が合っています。

あなたが、家計所得の中央値と同じくらい稼いでいるとします。パートタイムになったり６カ月だけの雇用契約にすれば、税引き前の収入は年間およそ３万１０００ドルに下がるでしょう。

税率区分も下がるため、手取り収入は2万8000ドルほどになります。年間の生活費を4万ドルとすると、収入と支出の差額を埋めるのに必要なのはたったの1万2000ドルだけです。それだけのパッシブインカムを生み出すのに必要なポートフォリオは1万2000ドル×25＝30万ドルとなります。

この人の場合、パーシャルFIに到達するのに15年ほどしかかかりません！

純資産ゼロから始めて平均的な年収しか稼げなくても、10年ちょっとあればパートタイムの仕事をしたり、セミリタイアにするだけで、経済的自立の自由や柔軟な働き方を享受できるというわけです。

地理的アービトラージ

サイドハッスルなんて自分には合わない？　パートタイムの仕事なんてしたくない？　安心してください。それでも地理的アービトラージを活用すれば、経済的自立に到達できます。地理的アービトラージとは強い通貨の国（米国など）で収入を稼ぎつつ、弱い通貨の国（メキシコ、ベトナム、マレーシア、タイ、ポーランドなど）でリタイア後の生活を送るという考え方です。そうすれば収入が高くなくても、母国の同世代より何十年も早く経済的自立に到達することができます。

タイのビーチでゆっくりとくつろぎ、メキシコのソカロ［中央広場］でタコスを食べ、ポーランドのタトラ山脈でハイキングする。そんな生活を魅力的だと感じるあなたには、地理的アービトラージはお似合いの戦略かもしれません。私たちがベトナムで泊まったAirbnbのホストだったオーストラリア出身のスティーブとエラインはまさにそんな生活をしていました。彼らにどうしてベトナムに移住したのか訊いてみると、「オーストラリアで落ちこぼれながら戦い続けるのか、それともベトナムに移住して有利な立場で生活するのか、そのどちらかだとわかったんだ」と答えました。

スティーブにとっては簡単な選択でした。彼は胸の真ん中にある恐ろしい開胸手術の跡を見せてくれました。重度の心臓発作を経験したことで、ストレスまみれのＩＴの仕事に死ぬほどの価値はないと悟ったのです。彼とエラインは退職金貯蓄を使い、思い切って行動に移すことにしました。ふたりはいまではゆったりとした生活を楽しみ、スティーブの体調はかつてないほど良くなっています。エラインはすでに22人の孤児を育ててきた孤児院を運営し、新たなコミュニティに貢献しています。

ベトナムやタイを旅行しながら、私たちは有利な為替レートのおかげで月１１３０ドル、年に直すと1万３５６０ドルでぜいたくな生活ができることに気づきました。ベトナムの平均月収はおよそ１５０ドルであるため、１１３０ドルでも地元の基準で言うと途方もない金額です。パッシブインカムで年間1万3560ドル稼ぐのに必要なポートフォリオは1万3560ドル×25＝33万9000ドルです。

年収が中央値の6万2175ドルで、そのうち1万2724ドルを貯蓄にまわした場合、地理的アービトラージFIに到達するまでにかかる年数は16年と半年です！　さらにデジタルノマドや英語教師などのサイドFIREと組み合わせれば、年間1万ドルを稼ぐだけで必要なポートフォリオの金額が（1万3560ドル－1万ドル）×25＝8万9000ドルとなり、期間はさらに短くなって何と6年でFIに到達できるのです！

これまでの説明でわかる通り、平均的な年収でもサイドFIRE、パーシャルFI、地理的アービトラージを活用することで、経済的自立に到達できます。私たちのようにエンジニアになる必要はありません。私たちの読者は教師、看護師、郵便局員、軍人、零細企業の経営者など様々な経歴を持っています。読者からは毎日のようにメールが届き、自分たちの経済状況を分析してほしいと頼まれますが、数多くのケースを見てきた結果わかったことは、多くの人が理解していないもの（お金）を誰もが理解しているもの（時間）に置き換えることがこの手法の強みだということです。

「博士号を取るために大学に戻るべきか」、「教師をするためにアラスカに引っ越すべきか」、「家を買うべきか」といった質問も、「もしXをすれば、リタイアまでの期間がY年延びる」といったシナリオに落とし込めば、答えられるようになります。どれくらいの人生の時間を差し出せるのかという文脈で捉えることによって、その選択が具体性を帯びるのです。

本書はお金についての本のように見えますが、そうではありません。本書は時間について書かれた本です。

「お金をどのように使うべきか」ではなく、「時間をどのように使うべきか」と自分に問いかけましょう。具体的に言うと、「ほかの誰かの下でいつまで働きたいのか」と自らに問いかけてみるのです。

その質問に対して正直に答えれば、お金に関する決断は自ずと明確になります。

第17章の要点

▼情熱を傾けられるプロジェクトを遂行するサイドハッスルを立ち上げれば、より少ない金額でリタイアできます。

・サイドハッスルで年間1万ドル稼ぐだけでも、目標とするポートフォリオの金額は25万ドル分少なくなります。

▼パートタイムで働き続けても同じ効果が見込めます。

▼物価の安い国でリタイア後の生活を送れば、必要な貯蓄額を大きく減らすことができます。

第18章 我が道を行け

書店や図書館にあるパーソナルファイナンスのコーナーに足を踏み入れたことのある人はわかると思いますが、あまりの本の数の多さに圧倒され、困惑してしまいます。私もまさにそうでした。多くの著者がお金をテーマにした本を書いており、その数にはめまいを覚えるほどです。ただ、問題は書かれた本の量ではありません。相反するアドバイスが共存するということです。起業しなければならないと言う人がいれば、不動産こそが秘訣だと言う人もいます。個別銘柄への投資を推奨する人もいます。そうした相反する情報を浴びることで、私たちは「分析まひ」に陥ります。進むべき道の選択肢があまりに多く、間違った方向に行くことを恐れ、行動に移せなくなるのです。

パーソナルファイナンスの3つの力

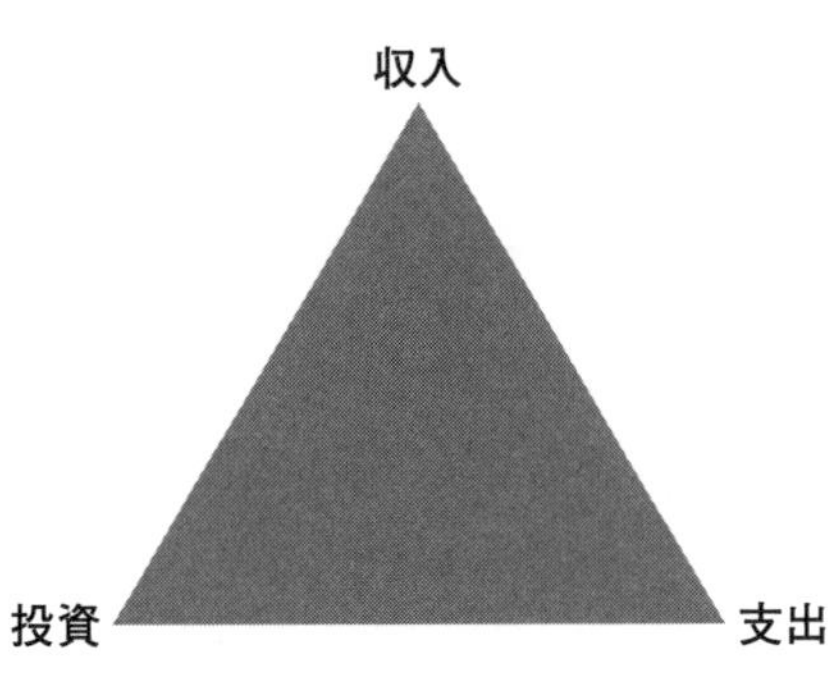

私自身がミリオネアになった過程と同じ道を歩んできた人の話を踏まえると、それらの本はすべて必ずしも間違ってはいません。お金を稼ぐ方法は1つではないため、一見すると相反するアドバイスが出てくるのです。

パーソナルファイナンスの世界の仕組みは上の図のようになっています。

角には収入、支出、投資があり、それぞれパーソナルファイナンスの3つの力を表しています。入ってくるお金（収入）、出て行くお金（支出）、お金から生み出されるお金（投資）です。もしそれぞれが米国の平均所得（2015年の国勢調査を参照）である5万〜7万ドル、平均貯蓄率の7・5パーセント（米連邦準備制度理事会を参照）、インフレ調整した長期の平均リターンである6パーセント（S&P500の過去のパフォーマンスを参照）であれば、あなたの経済状況も定義から考えて平均となるでしょう。平均的な経済状況の人は世間並みの中産階級の暮らしをしながら四十数年間働き、社会保障の力を借りて65

歳でリタイアします。

そのパターンから抜け出して若くしてミリオネアになった人は、角の2つは平均（もしくはやや平均より上）でも、残る1つが卓越した傾向にあります。つまり、ミリオネアには3つのタイプがいるということです。そしてあらゆるパーソナルファイナンスの本（さらに推し進めて、あらゆるそうした本の著者）はその3つのタイプのうちの1つに分類できます。

最終的な目的地が同じであっても、そこにいたる方法は千差万別で、ときには相反する場合もあるのです。ベストセラーとなった『金持ち父さん　貧乏父さん』で、著者のロバート・キヨサキが貯金は彼の貧乏父さんのようなだまされやすい人のためのものだと主張していることは有名です。「もしお金持ちになって経済的に安心したいのであれば、懸命に働いて貯金するだけではなれません」

もちろん、私は全くその逆であることがわかっています。懸命に働いてお金をコツコツ貯めれば、必ずあなたはそうなれます。ただ、彼が間違っているというわけではありません。彼が属するミリオネアのタイプを考えると、彼のアドバイスは正しいのです。

ハスラー

ハスラーの富の源泉はお金を稼ぐ能力にあります。ハスラーは起業家的な活動に惹きつけら

ハスラーの特徴

収入	非常に高い
貯蓄	平均
投資	平均

れる傾向にあり、時間と引き換えにお金を稼いでも収入に限界があることを正しく認識しています。1日の時間は限られており、収入を時間に紐づけるとあなたの稼ぐ潜在力には制限がかかります。一方、もし起業家になれば収入の上限がなくなります。そのため彼らは自営で働く傾向にあるのです。スティーブ・ジョブズ、イーロン・マスク、マーク・ザッカーバーグなどは成功したハスラーの代表です。

ハスラーは世の中にはお金を稼ぐ機会がいたるところにあると考えており、機会さえ与えられれば次の新しい事業について一方的にまくし立ててきます。お金は無限に湧き出す再生可能資源だと思っているため、支出を抑えることにはあまり力を入れません。お金がなくなれば、もっと稼げばいいという発想です。

ハスラーはリスクを取ることにも慣れており、立ち上げている事業に自信があればすべてをなげうつことも厭いません。すべてをなげうつのが彼らの成功の源泉であり、失敗の原因でもあります。イーロン・マスクはペイパルをイーベイに売却した後、2億ドル以上の現金を手に入れました。彼はその資金をすべてテスラに投じ、2010年の離婚訴訟では一文なしであることを公に認めざるを得ませんでした。2億ドルから一文なしです。私は人がそれだけのお金を生涯で使い切ることができることに心底驚きました。

もちろん、テスラは世界的な注目を浴びて有名になりましたが、それこそがリスク志向のハスラーの生き方です。仕事から永遠におさらばできる十分なお金を手にしても、次のスリルのためにすべてをなげうつのです。

著名なハスラー

・ロバート・キヨサキ
・ティム・フェリス
・スティーブ・ジョブズ

投資家

投資家はお金からさらなるお金を生み出す専門家です。私は株式6割／債券4割のポートフォリオの長期的なリターンとして、年間6パーセントという控えめな収益予想をしますが、投資家はそんな数字を嘲笑います。6パーセント？　たったそれだけ？　彼らは20パーセント

投資家の特徴

収入	平均
貯蓄	平均
投資	非常に優秀

以上のリターンを叩き出さないと感銘を受けません。

投資家の投資対象資産は多岐にわたります。個別銘柄に投資する人もいれば、不動産に投資する人もいます。野球カードや美術品のような難解な商品に投資する人もいます。ただ、成功している投資家は口をそろえて自分たちがやっていることはギャンブルではないと即答します。ギャンブルは運任せですが、投資はスキルに依存します。そのため、投資家は自分たちの分野を隅から隅まで知り尽くし、他人が見つけられないような優れた投資対象を見つけ出すスキルを備えているのです。

ハスラーのように、投資家も支出にはさほど注意を払いません。また、ハスラーのようにリスクを扱い慣れています。さらに、成功している投資家は債務やレバレッジを利用して、リターンを最大化させることに長けています。ほとんどの人にとっては借金は悪いことですが、投資家にとっては他人のお金を使って投資する手段です。借りたお金の使い方を知っている熟練の投資家は、リスクを減らすためにそのお金をうまく活用することができるのです。

投資家の生き方で最も危険なのは、最初のいくつかの成功が単なる運だったにもかかわらず、自分には腕があると勘違いすることがよくあることです。安定した成功を収めている投資家は極めて稀です。第8章でお話ししたように、ウォール街のアクティブファンドマネジャーのうち、所与の年に市場を打ち負かしているのは、たったの15パーセントだけなのです。

著名な投資家

・ベンジャミン・グレアム
・ウォーレン・バフェット
・ジョン・ボーグル

オプティマイザー

オプティマイザーは執拗に支出を抑えて財産を築く人です。普通の仕事をして、そこそこの給与を稼ぎ、ほとんどの部分で一般的な生活を送っています。

特異なのは使ったお金の把握の仕方です。自分が使ったお金を尋常ではない時間と労力をかけて1セント単位で把握しているのです。レジの人から「レシートはご入用ですか？」と尋ねられると、答えは必ずイエスです。そのレシートはファイルにきちんと収められ、スプレッド

オプティマイザーの特徴

収入	平均
貯蓄	非常に優秀
投資	平均

シートに記録され、不老不死の解明につながるかもしれない未知の微生物のように徹底的に分析されます。

お気づきでない方もいるかもしれませんが、私は誇り高きオプティマイザーです。

私たちオプティマイザーは「ケチ」というレッテルを貼られたり、しみったれた生活を送っているように見られると、非常に不快に感じます。私たちの頭の中には百科事典のように価格データが収められており、どうすれば半額でその食料品が手に入るのかがわかっています。つまり、私たちは少ない費用でほかのみんなと同じ（もしくはより良い）人生経験ができる達人なのです。ブライスと私はいままで3年間ずっと旅を続けていますが、私たちのポートフォリオの金額はその間に減るどころかむしろ増えました。それがしみったれた生活に思えますか？

ただ、私たちオプティマイザーにも弱点はあります。第一に、極度にリスク回避的な傾向があります。起業したり、夢を追いかけたりすることには向きません。幸せになれる可能性があっても、お金を失うかもしれないリスクを取りたがらないのです。2

008年の株式市場の暴落や同僚がデスクで亡くなりかけたときのように、私がパニック発作に陥りやすいのはそうした損失への恐怖があるからです。

また、損失への恐怖は投資を困難にします。ポートフォリオの価値が下がったときに大きな恐怖を感じ、すぐにお金を布団の下にしまいたいという衝動にかられるのです。私は一度どころか二度の市場の暴落を耐え抜いたことで、一時的な下落はあくまで一時的なものにすぎないと信じられる自信を得ましたが、正直な話をすると、初めてインデックスファンドの買い注文を入れたときは恐怖で震えました。その恐怖を克服することは、これまでの人生で（大学のコンピュータ・エンジニアリングの教育課程をやり切ることを含めて）最も難しいことでした。ただその恐怖を克服していなければ、いまの私はいないのです。

もしあなたもオプティマイザーであれば、本書を読むことで自分の性格や行動の由来を理解してもらえるよう願っています。自信を持ってください。それはすばらしい特性なのです。

著名なオプティマイザー

・私
・Mr. Money Mustache ことピート・アデニー
・JL・コリンズ

お金持ちになるカギは、自分に最も合ったやり方を選ぶこと

リタイアして世界旅行を始めてから、私たちはすべてのタイプのミリオネアと親しくなりました。彼らと接する中でいろいろなことに気づきましたが、その中でも最も興味深かったのは、ミリオネアになる方法は1つだけではなく、成功した人たちは自分の強みと弱みを理解した上で、自分に合ったアプローチを取り入れることで成功しているということです。

オプティマイザーである私には、ほかの道は歩めなかったでしょう。リスク耐性があまりに低く、借金に対する恐怖心が大きすぎるからです。すでに述べたように、私は起業をしてお金持ちになろうと試してみましたが、毎回失敗しました。振り返ると、お金を失う恐怖心から思い切った事業投資ができず、借金への嫌悪から融資を求めることもできなかったのです。私は経済的に自立し、ガス代の支払いを心配する必要がなくなって初めて、作家として働き始めることができるようになりました。

同様に、投資家やハスラーが普通の仕事をやり、徹底的に細部まで支出を記録し、手数料の安いインデックスファンドから成るポートフォリオを構築しようとしたら、すぐに興味を失い、成功しなかったでしょう。

お金持ちになるカギは自分自身の個性を知り、自分の得意不得意を理解した上で、自分に最

も合ったやり方を選ぶことです。

再現性のマジック

そうは言っても、すべての道が平等なわけではありません。私はミリオネアのタイプの中で最も多いのはオプティマイザーであることに気づきました。**ほかのアプローチとは違い、オプティマイザーのやり方は数学的に再現性が高いからです。**

私は自分がやったことを具体的にお話しできますし、もしあなたが私の行動をまねすれば、あなたもミリオネアになれるでしょう。ハスラーや投資家の場合、そうはいきません。

もし、あなたがスティーブ・ジョブズの伝記を読んで、彼がやったことをすべてまねしても、残念ながらアップルはすでに存在しています。同様に、もしあなたがウォーレン・バフェットと同じ銘柄を買っても、彼と同じ富を得ることはありません。彼が投資した銘柄は当時とは価格が違うからです。ハスラーや投資家はほかの誰も通ったことのない自分独自の道を見つけなければなりません。その道は一度発見されれば、二度と同じ道ではなくなるのです。

一方、オプティマイザーはみんな本質的に同じことをしても、毎回うまくいきます。それこそが再現性の力なのです。私が自分の成功の秘訣を授ければ、あなたもきっとうまくいくでしょう。

⑪ 貧困の力

もう1つ印象的だったのは、ミリオネアの中には私のように貧困からはい上がった人が珍しくなかったということです。実際、よくある話なのです。ただ、貧しい環境で育ったことがどのような影響を与えたのかはそれぞれ違います。私の場合、貧困は創造力、回復力、適応力、忍耐力を授けてくれました。一方、両親が夢にも見なかった困難なチャレンジに挑戦するよう鼓舞してくれる場合もあれば、欠乏の恐怖を味わうことで、それを二度と経験したくないと思わせる場合もあります。いずれにせよ、貧困はそこから抜け出すためには何でもやるという強い気概を与えてくれるのです。

私と彼らの違いは、私が自分の子どものころの不快な経験を公の場で話すことを厭わないというだけです。ほとんどの人は恥ずかしいと思っているのか、その時期を楽しい思いで振り返れないのか、そうしたがりません。いずれにせよ詳しく調べてみると、彼らは貧しく育ったにもかかわらず成功したのではなく、貧しく育ったからこそ成功したのです。

私は貧困を誇りに思っています。貧困から学んだ教訓を誇りに思っています。そして、いまの私になるために必要だった多くのスキルを貧困から学んだと思っています。私は裕福な家に生まれたわけではなく、多くの独立独歩のミリオネアもそうではありません。貧困は弱みではなく、強みなのです。

もし、あなたが私の子どものころと同じような経験をしているのなら、あなたはひとりではありません。お前は絶対にお金持ちにはなれないと、他人に言わせてはなりません。私は言わせませんでした。そして、いまの私があるのです。

最後に

もし、お金を理解すれば、人生は信じられないほど気楽なものになります。大多数の人のようにお金を理解していなければ、人生は信じられないほどつらいものになります。

お金はそれほど壮大で複雑なものではなく、理解するのに天才レベルのＩＱなど必要ありません。シンプルな教訓ばかりです。それぞれを理解するのは難しくありませんが、合わさることで大きな力を発揮します。

私も長い間、お金のことを理解していませんでした。ただ、いったん理解すれば人生が受け身ではなくなり、自分でコントロールできるものになります。お金は絶えず不安をあおるものではなく、自分がやりたいことをする自由を与えてくれるものになります。私はもはやお金に悩むことはありません。お金とは私がガラパゴス諸島でスクーバダイビングを楽しんでいる間に勝手に増えていくものなのです！

私はあなたにもストレスを感じないように、お金について理解してほしいと思っています。クレジットカードの明細書や銀行口座を見て不安を感じてほしくありません。パニック発作を起こすような失業の脅威も感じてほしくありません。あなたの人生が私の人生のように気楽なものであってほしいと願っています。

そろそろ、お別れのときです。少なくともしばらくの間は。私の貧しい子ども時代からミリオネアにいたるまでの道は決して一直線でも平坦でもありませんでした。ただそれは再現可能な道であり、それこそが重要なのです。あなたは私と同じことをすれば、同じことを達成できます。あなたがやらなければならないことは、私のまねをすることだけです。私は次の時代のスナップチャットを創業したわけではありません。私は株価が10ドルだったときにアマゾンを買ったわけではありません。私がやったことは懸命に働き、1ドルを大事にし、平均より上ですが特段高いわけではない給与で100万ドルを貯めて、31歳でリタイアしただけです。

もし、お金を理解すれば、人生は信じられないほど気楽なものになります。大多数の人のようにお金を理解していなければ、人生は信じられないほどつらいものになります。

本書を読み終えたあなたは、お金のことを理解しています。その結果、あなたの人生はより気楽なものになるでしょう。

最後まで読んでいただき、ありがとうございました。

謝辞

本書では、吃苦と「自分の身を守る」ことについて語っていますが、人生は何事も周囲のサポートなしでは成し遂げられません。誰もがわかっていることです。

この本の出産（この言葉の方が私にはしっくりきます）と出版を支えてくれた多くの方々に感謝の意を表します。

私を書籍の執筆まで導いてくれた偉大な編集者、ニーナ・シールドにまず感謝します。彼女がいなければ、本書はこの世に存在していなかったでしょう。本心からそう思います。文字通り、不本意だった私たちを説得してくれました。良きにつけ悪しきにつけ、本書はあなたのおかげ（せい）で生まれました。

一度も出版企画書を書いたことのない私たちを信じ、企画書を書かせてくれたスーパーヒロイン、出版エージェントのアンドリア・サンバーグにも感謝します。あなたの寛大さは周囲の人々に感染し、私たちを信じる想いには当惑さえ覚えました。

作家仲間でオーガナイザーの専門家であるフェイ・ウルフへ。あるハリウッドの女優が私たちのブログを非常に気に入ってくれて、知り合いの編集者に伝えたことを知ったあの日のことは決して忘れません。私たちのことを信じてくれてありがとう。

コピーエディターのアジャ・ポロック、広報のアリッサ・カソフ、マーケティング担当のロシュ・アンダーソン、ペンギン・ランダム・ハウスのターチャー・ペリジーチームのそのほかの方々、本書を世に出すお手伝いをしてくれて本当にありがとう。あなた方の力添えなしでは成し遂げられませんでした。

そして、クリスティーの父には特別な感謝の意を表します。彼の物語や人生の教訓が本書に魂を与えてくれました。

ＦＩの主唱者であるＪＬ・コリンズ、ここであなたの名前が挙げられている理由はおわかりでしょう。あなたが「絶対に書いた方がいい。私を信じてくれ」とおっしゃるまで、私たちは本書の執筆を真剣には捉えていませんでした。いまの私たちがあるのはあなたのおかげです。私たちはマゾヒストです。あなたのように。あなたの友情、サポート、指導に感謝します。ジョン・グッドマンのものまね、最高でした！

ビッキー・ロビン、本書がより良い形に仕上がったのはあなたのおかげです。当初は年配の人たちを罵倒し、聖域視されている考え方をあえて否定するような書き方をしていましたが、そのやり方は期待通りの効果を生まず、私の愚かな子ども時代の物語こそ語るべき価値があるものだと説得してくれました。

ピート・「Mr. Money Mustache」・アデニー、ブランドン・ブロンクホースト、ビル・バンホルザー、コルビー・チャールズ、ロブ・チャールトン、ロビン・チャールトン、アラン・ドネガン、カティー・ドネガン、メリッサ・フォーニア、ジェレミー・ジャコブソン、ライニー・リバーティ、ジャスティン・マッカーリー、ジェニファー・ミラー、グラント・サバティエ、ジョー・ウド、物語やアドバイスを共有してくれて、各章を校正してくれて、本のプロモーションやマーケティングを手伝ってくれてありがとう。みんな大好きです！

そして最後に、ベルギービールとポルトガルワインに感謝します。おかげで、部屋に缶詰状態で執筆しなければならないつらい時間を乗り越え、なんとか原稿を完成させることができました。本書が読むに堪えない場合は、これまでの「感謝」を「非難」に変える権利を留保します。

［著者］
クリスティー・シェン（KRISTY SHEN）
FIRE（Financial Independence, Retire Early）ムーブメントの第一人者。早期退職者。FIREにまつわる情報を集めたサイト「MILLENNIAL REVOLUTION」を運営している。ニューヨーク・タイムズやカナダ放送協会（CBC）、ハフポスト、CNBC、ビジネス・インサイダー、ヤフーファイナンスなど、様々なメディアで取り上げられている。CBCにて取り上げられたビデオは口コミで広がり、450万を超える視聴数を得た。2019年放映のFIREムーブメントを扱ったドキュメンタリービデオ「Playing with FIRE」にも出演。

ブライス・リャン（BRYCE LEUNG）
早期退職者。クリスティーのパートナー。定期的にクリスティーと海外旅行に出かけるなど、充実した人生を送っている。

［訳者］
岩本正明（いわもと・まさあき）
1979年生まれ。大阪大学経済学部卒業後、時事通信社に入社。経済部を経て、ニューヨーク州立大学大学院で経済学修士号を取得。通信社ブルームバーグに転じた後、独立。

FIRE 最強の早期リタイア術
――最速でお金から自由になれる究極メソッド

2020年3月18日　第1刷発行
2020年12月3日　第7刷発行

著　者――クリスティー・シェン&ブライス・リャン
訳　者――岩本正明
発行所――ダイヤモンド社
〒150-8409　東京都渋谷区神宮前6-12-17
https://www.diamond.co.jp/
電話／03･5778･7233（編集）　03･5778･7240（販売）
装丁――――井上新八
本文デザイン・図表－松好那名（matt's work）
校正――――鷗来堂
DTP・図表・製作進行－ダイヤモンド・グラフィック社
印刷・製本―三松堂
編集担当――木下翔陽

ISBN 978-4-478-10857-4